혼자 공부하지
못하는 아이들

같은 시간을 공부해도
다른 결과를 내는
혼자 공부법의 모든 것

혼자 공부하지 못하는 아이들

박인연 지음

혼자 잘해요!

제8요일

공부를 하고 싶은데 안 된다거나
일찍 일어나고 싶은데 안 된다는
질문을 받을 때가 있습니다.
하지만 하고 싶은데 안 되는 것이 아니라
당신이 하기가 싫은 것입니다.

— 법륜 스님

PROLOGUE

자신의 행복을 위해 스스로 공부하는 아이들

2012년 《공부 재능》이라는 책을 출간했을 때가 떠오른다. 이후로도 2권의 책이 더 출간되었지만, 《공부 재능》에는 20년 동안 수만 명의 학부모와 학생을 상담하며 목 아프게 떠들었던 내용을 집결했기에 각별히 애정이 갔다. 그리고 2019년, 《혼자 공부하지 못하는 아이들》이라는 책을 출간하면서 당시 중요하게 여겼던 내용과 함께 그 사이 변화된 교육과정과 트렌드에 관련한 모든 정보를 담아내리라 결심했다.

책을 준비하는 2년여의 과정을 통해 깨달은 것이 있다면, 아무리 새롭게 목차를 구성하고 새로이 수집된 내용으로 글을 써도 여전히 나는 같은 이야기를 하고 있다는 사실이었다. 교육과정이 변화되면서 거기에 따른 학습의 방법이나 도구 또한 변화된 것이 있겠지만 결국 궁극적인 교육의 방향과 공부의 방식은 바뀌지 않았다. 아무리 사교육이 발달하고 공부와 관련된 부모의 수준이 높아졌다 할지라도 공부의 주체자인 학생의 태도와 습관이 '혼자 공부하도록' 자리 잡지 않으면 무용지물이 된다는 것. 최근 화제가 되었던 드라마 〈SKY 캐슬〉에서 적나라하게 다루어졌던 것처럼 말이다.

《공부 재능》이 출간되었을 때 "공부가 재능인가요?" "역시 공부머리를 타고 나는 거죠?" 하는 질문을 받곤 했다. 그런 질문을 받았을 때 나는 생각했다. 공부에 한계를 느낀 학생과 학부모가 '공부가 재능이다'는 사실로 합리화를 하고 싶구나, 하고 말이다. 물론 그만큼 부모나 아이나 공부하는 게 얼마나 힘들면 이런 소리를 할까 이해가 되기도 했다. 그러나 '공부 재능'이라는 제목은 '우리 아이에게 공부 재능이 있을까?'를 확인해보자는 의미에서 지어진 제목이 아니다. 그보다는 '공부 재능이란 무엇인가?'를 알고자 하는 것에 가깝다. 그리고 확신하건대 '공부를 포기할까 말까' 고민하는 아이들에게조차도 공부 재능은 있다!

다만 중요한 것은 세상 모든 사람이 각기 다른 얼굴과 성격을 가지고 있듯 모든 아이들의 공부 재능도 각기 그 모습이 다르다는 사실이다. 그런 아이들에게 천편일률적인 공부법을 강요하고 있다면, 그건 분명히 부모나 교육자 자체에게 잘못이 있다. 그대로 간다면 아이의 공부 재능은 점점 퇴화될지도 모른다. 공부재능은 결코 '타고나는 것'이 아니기 때문이다.

내가 한 줄 한 줄 아끼며 읽었던 책 《그릿》에 보면 이런 말이 나온다.

우리는 운동선수나 음악가 등이 입이 떡 벌어질 만큼 놀라운 성과를 어떻게 냈는지 설명할 수 없으면 이내 포기하고 "재능이네! 그건 가르쳐서 되는 게 아니야."라고 말하는 경향이 있다. 다시 말해서 경험과 훈련만으로 통상적인 범위를 훌쩍 넘는 탁월한 수준에 어떻게 도달할 수 있었는지 쉽게 이해가 안 될 때 자동으로 '타고났다'는 분류를 한다.

그릿에서는 분명히 이야기한다. 분야에 상관없이 대단한 성공을 거둔 사람들은 두 가지 특성을 가진다고. 첫째는 대단히 회복탄력성이 강하고 근면했고, 둘째는 자신이 원하는 바가 무엇인지 매우 깊이 이해하고 있다는 것. 그들은 모두 열정과 끈기를 가지고 있는 사람들이었다고 말이다.

아이들에 대한 고민을 많이 한 부모라면 이 대목에서 내가 무슨 이야기를 하고 싶어 하는지 눈치를 챘을 것이다. 그렇다. 부모인 당신이 해야 할 일은 사교육의 전쟁터로 아이들의 등을 떠밀고, '어디 학원이 좋다더라. 무슨 학습지가 좋다더라.' 하는 최신 정보를 캐기 위해 엄마들 사이에서 경쟁하는 게 아니다. '혼자서도 알아서 공부하는 아이'로 키우기 위해 당신이 해야 할 일은 바로 아이들에게 공부에 대한 열정과 끈기를 심어주는 것이다. 왜 공부를 해야 하는지, 어떻게 공부해야 재밌고 지치지 않고 행복하게 할 수 있는지, 성취감을 가지면서 공부를 하려면 어떻게 해야 하는지… 이런 것들을 알게 해주는 것이다.

물론, 이 책 속에는 하나마나한 엄마들에 대한 잔소리만 담긴 게 아니다. 초등학교부터 대학 입시까지 목동과 대치동에서 자신의 아이를 의심 없이 맡기고 심층 상담했던 부모들이 가장 열광했고, 유용하다고 극찬했던 실질적인 공부법들을 낱낱이 수록하고 있다. 실제 사례들과 실용적인 자료 또한 대폭 수록해두었다. 그 어느 책보다 더 현실적인 정보들, 최신의 정보들, 지금 당장 적용할 수 있는 가이드가 가득하다.

그러나 이 모든 것을 3번으로 두고, 이 책을 통해 내가 하고자 하는 1번과 2번의 이야기를 좀 더 강조해서 해보려고 한다. 가장 먼저 이 책의 제목에 주목해보자. '혼자 공부하지 못하는 아이들'. 이 책은 혼자 공부하지 못하는 아이들의 이유를 파헤치고, 혼자 공부할 수 있는 힘을 키워주는 데 주목하고 있다. 스스로 공부하지 않는 아이에게 비싸고 유명한 사교육이나 그럴싸한 환경이 무슨 소용이 있을까. 가족과 함께 〈SKY 캐슬〉을 보면서 현 교육의 실태에 대해서도 실감했지만 그 외에 두 가지에 대한 생각이 떠올랐다. 첫 번째는 아이들의 성공적인 미래를 만들어주기 위한 부모의 희생이다. 부모는 자신의 삶의 모든 것을 투여해 아이들을 키워내는 데 집중한다. 그것이 옳다. 그르다를 판단하기보다 그 모습 자체가 가져다주는 씁쓸한 감정은 나만이 느낀 것일까.

공부의 목적은 '대학 입시'가 아니라 자신이 하고 싶은 일을 하기 위한 바탕을 만들어주는 데 있다. 어른인 우리는 알고 있다. 자신이 하고 싶은 일을 하기 위해 괜찮은 대학과 명확한 전공의 선택은 훨씬 유리하다는 사실을. 그러나 또 알고 있다. 아무리 괜찮은 대학을 나왔어도 그것만이 꼭 정답은 아니라는 사실을 말이다. 자신이 '왜 공부를 해야 하는가'를 인지한 아이들에게는 굳이 부모의 잔소리나 과한 사교육은 필요 없다. 아이들이 지치지 않도록 지지해주고 응원해주는 부모와 감당할 만큼의 사교육이 필요할 뿐이다. '혼자 공부하는 힘'을 가진 아이들은 이미 누구의 말에도 흔들리지 않는 '공부의 이유와 목적' 위에서 달리고 있기 때문이다. 그들은 초등학교를 거쳐 고등학교까지 이어지는 과정이 결코 100미터 달리기가 아니라는 점을 알고, 적절히 쉬고 적절히 속도를 내며 스스로를 관리한다. 여기에 과연 부모의 어떤 희생이 필요할까? 자신의 모든 삶을 포기하고 자식에게 매달리는 부모의 모습이 필요하긴 한 걸까?

두 번째로 든 생각은 '혼자 공부하지 못하는 아이들'이었다. 학생의 본분은 '공부'가 맞지만, 요즘 아이들을 보면 그러한 공부의 주체자가 '학생'이 맞는지는 의심스럽다. 책상에 8시간 동안 엉덩이를 붙이고 앉아 있어도 3시간 동안 앉아 있는 아이보다 훨씬 공부의 양이나 질적인 면에서 뒤떨어진다면 이유는 무엇일까? 아마도 전자의 아이는 책상에 앉아 있기는 하지만 결코 '혼자 공부하는 아이'는 아닐 것이다. 성적은 곧잘 나오지만 공부를 왜, 누구를 위해 해야 하는 것인지 몰라 좋은 대학에 가서 삐뚤어지는 아이. 실제로 공부를 통해 배우는 내용보다는 점수에 연연하여 집착하는 아이. 성적의 폭이 들쑥날쑥하면서 갈피를 잡지 못하는 아이… 이 외에도 수많은 경우들이 말해준다. '나는 혼자 공부할 수 없는 아이입니다.'라고.

공부의 주체가 '학생'이라면 학생인 아이들이 스스로 공부를 할 수 있도록 모든 환경이 조성되어야 한다. 그 '환경' 속에는 좋은 책상과 좋은 학원이 아닌 '내 아이의 공부 재능에 최적화된'이라는 단서가 붙어야 한다. 그렇다면 여기서 질문해보고 싶다. 당신은 당신의 아이에 대해 얼마나 알고 있는가? 당신과 아이의 공부 궁합은 얼마나 좋다고 생각하는가? 아이의 성격, 지능, 출생 순위, 뇌 성향, 습관… 이런 것들이 공부 재능에 엄청난 영향을 미친다는 사실을 알고는 있는가?

내가 정말 하고 싶은 1번 이야기는 바로 '혼자 공부하는 아이로 만들어야 한다'는 것. 그리고 2번은 그러기 위해 부모가 변화해야 한다는 사실이다. 그 핵심은 바로 '내 아이를 제대로 파악하는 것'에 있다. 천편일률적인 방식이 아닌, 내 아이의 성향에 딱 맞춘 공부법을 통해 아이가 공부에 흥미를 갖고 혼자 공부할 수 있도록 도와주어야 한다는 것이다. "공부가 가장 쉬웠다."고 말하고, "공부가 재미있었다."고 말하는 유명한 이들의 이야기 속에는 한 가지 공통적인 분모가 있다. 바로 '공부를 해야 하는 이유'를 알기에 열정적일 수밖에 없다는 사실이다.

　세상 모든 부모가 공부를 재미있어 하고 닦달하지 않아도 <u>스스로</u> 성적을 관리하며 알아서 공부해나가는 자녀를 보고 싶어 한다. 두 아들을 둔 나 역시 그렇다. 그러나 지금 방식대로라면 그런 아이를 만날 수는 없다. 우리 앞에는 늘 '혼자 공부하지 못하는 아이들'이 있을 뿐이다. 이 책은 그런 당신에게 명확한 솔루션을 제공할 것이다. 단언컨대 내 아이의 공부 재능을 의심하지 말라. '그 아이가 했던 방식대로' 했는데 '왜 내 아이는 안 되는지 모르겠다'는 말을 접어라. 내 아이는 그 아이가 아니다. 내 아이에게는 내 아이만의 공부 재능이 있다. 그것을 끄집어내고 부모인 당신과의 공부 궁합을 맞춰라. 그리고 당신 스스로에게 질문해라. '이 모든 것을 해야 하는 이유가 무엇인가?' 그 대답이 '아이의 성공을 보는 것'이 아니라 '아이가 <u>스스로</u> 행복해지는 것'이라면 준비가 되었다.

　이제, 이 책을 열어도 좋다.

2019년 3월
박인연

CONTENTS

PROLOGUE 자신의 행복을 위해 스스로 공부하는 아이들 _6

PART 1 혼자 공부하지 못하는 아이들
– 엄마들이 가장 많이 하는 10가지 고민

- Q1 대체 공부를 왜 해야 하나요? _20
- Q2 공부하려고 책상에 앉으면 뭘 해야 할지 몰라요 _23
- Q3 초등학교 때 공부 잘했던 아이, 왜 중학교에 와서 공부를 못하는 걸까? _26
- Q4 공부 자존감을 높일 수 있을까? _29
- Q5 문과 스타일 vs 이과 스타일, 내 아이는 어느 쪽일까? _33
- Q6 스마트폰이나 게임에 빠져서 인강을 제대로 듣지 않아요 _36
- Q7 특목고 vs 일반고, 어디에 보내야 유리할까? _39
- Q8 어떤 학원이 아이에게 잘 맞는지 알고 싶어요 _42
- Q9 선행학습이 중요한가요? _45
- Q10 공부해야지? vs 내가 알아서 한다고! _48

PART 2 혼공 전략
— 우리 아이 숨은 '능력' 찾기

CHAPTER 1
혼공 전략 준비단계: 나는 내 아이에 대해 얼마나 알고 있을까?
- 엄마는 보고 싶은 것만 본다 _56
- 내 아이를 객관적으로 바라보라 _60
- 정보력보다 중요한 것은 전략이다 _64
- 엄마가 먼저 변해라 _66
- 완전한 부모와 불완전한 부모 _70
- 아빠만이 할 수 있는 것이 있다 _74

CHAPTER 2
혼공 전략 1단계: 성격을 파악하면 공부법이 보인다
- 공부는 Case by Case _80
- MBTI 성격유형, 내 아이는 어떤 성격일까? _86
- 부모와 아이의 성격에도 궁합이 있다 _90
- 어떤 성격이 공부하기에 더 유리할까? _93
- 좌뇌형일까, 우뇌형일까? _102

CHAPTER 3
혼공 전략 2단계: 잠재된 학습 능력을 끌어올린다
- 공부머리 좌우하는 4가지 인지 능력 _108
- 자녀 유형에 따른 학습 코칭법 _112
- 공부 효율성을 높여주는 학습활동력 _114

- 학습활동 유형에 따른 학습지도 유형 _117
- 특목고, 자사고, 일반고⋯ 어느 고등학교에 가야 하나? _121
- 내 아이에게 맞는 학원은 어디일까? _125

CHAPTER 4
혼공 전략 3단계: 목표가 정해져야 공부가 쉬워진다

- 진로 탐색, 빨리 목표를 정하라 _130
- 학생종합부 시대, 스토리가 필요하다 _134
- 내 아이에게 잘 맞는 진로 유형 찾기 _136
- '학습 능력, 성격, 진로흥미'의 상관관계를 알아야 한다 _139
- 유형별 학습법과 진로 전략 _144
- 유능감과 흥미를 구별하라 _147

PART 3 혼자 공부하는 아이들
– 상위 3% 공부습관 만들기

CHAPTER 1
공부 멘탈

- 왜 혼자 공부하지 못할까? _156
- 구체적인 목표를 설정하라 _158
- 성취 경험을 만들어라 _161
- 역치를 경험하라 _166
- 몰입을 통해 공부에 대한 희열감을 느껴라 _169

CHAPTER 2

공부 방법

- 내 아이 공부 방법, 무엇이 문제일까? _176
- 공부 도구를 제대로 활용하라
    - 공부 도구 ① 플래너 _180
    - 공부 도구 ② 복습노트 _195
- 공부의 전체 흐름을 보여주는 5단계 패턴 학습
    - 1단계: 전체보기(목차 학습) _205
    - 2단계: 교과서 읽기(개념 이해) _209
    - 3단계: 재배열(개념 정리) _212
    - 4단계: 문제풀이(약점 학습) _228
    - 5단계: 총정리(심화학습) _230
- 시험 완벽 대비 4주기 프로젝트 _233

CHAPTER 3

공부 습관

- 습관의 차이가 성적을 결정한다 _240
- 내 아이를 변화시키는 학습 코칭 _244
- 무의식이 행동을 바꾼다 _248
- 행동 변화에 필요한 학습활동 4가지 _251

EPILOGUE _260

PART 1

혼자 공부하지 못하는 아이들

엄마들이
가장 많이 하는
10가지 고민

"신은 모든 곳에 있을 수 없기에
어머니를 만드셨다."
유태인 격언이다.
이는 교육에 있어서 엄마의 역할이
그만큼 중요하다는 뜻과도 상통한다.
올바른 철학을 갖고,
내 아이의 숨어 있는 가치를 믿고
찾아낼 줄 아는
엄마가 필요하다.

━

　이 책의 제목을 정하기까지 참 많은 고민을 했다. '혼자 공부하지 못하는 아이들'이라니. 이는 필자가 25년 넘게 중고등학생들과 그 부모님들을 만나며 가장 많이 하는 고민상담 중 하나이지만, 그때마다 마음이 참 씁쓸하다. "이렇게 해야 한다."고 누가 가르쳐주지 않아도, "제발 공부 좀 하라!"고 닦달하지 않아도 아이들이 알아서 책상에 붙어 앉아 스스로 척척 공부를 할 수 있다면 얼마나 좋을까. 모두가 그런 모습을 그리며 노력하지만 현실은 그렇지 않다. 교사는 절대 변하지 않는 아이들의 태도에 지치기 일쑤고, 부모는 나름대로 최선을 다하지만 자신이 잘하고 있는 것인지 늘 불안하기만 하다. 한다고 하는데 알아주지 않는 사람들, 해도 잘 안 되는데 자꾸 비교만 당하는 상황 때문에 아이들도 점점 자신감을 잃어간다.

　'혼자 공부한다'는 것은 아이고 어른이고 쉬운 일이 아니다. 이 책을 읽고 있는 여러분 중 누구라도 마찬가지일 것이다. 필자 또한 그랬다. 공부에 대한 열의, 배움에 대한 갈증이 있었지만 정작 책상 앞에 앉으면 어떻게 시간을 효율적으로 관리해야 할지 막막했다. 그때 나에겐 부모님의 어떤 도움이 필요했으며, 어떤 환경이 최적이었을까? 지금에서야 이런 생각이 든다. 조금만 내게 맞는 방식으로 맞춰주었어도 훨씬 쉽게 자기주도학습을 할 수 있었을 텐데, 하고 말이다.

공부는 결코 한 사람의 재능과 관련이 있는 분야가 아니다. 머리가 특출 나게 좋은 아이도 학습적, 환경적, 정서적 측면에서 구조가 잘 짜인 상태에서 공부를 해나가는 아이를 이길 수는 없다. 누가 가르쳐주지 않았는데도 소위 '공부를 잘한다'는 아이들은 누구보다 자신에 대해 파악이 잘 된 아이들일 가능성이 높으며, 부모 또한 아이와 '공부 궁합'이 잘 맞았을 가능성이 높다. 이런 이야기를 하면 대부분의 부모들이 "나도 우리 애랑 잘 맞춰보고 싶어요." 하고 말한다. 그러나 아무리 설명을 해도 부모들은 집으로 돌아가는 순간 돌변해 늘 하던 대로 아이를 대하기 마련이다. 이제는 그 생각을 좀 바꿀 때이다. 혼자 공부하는 아이로 키워내는 데 있어 팔할이 부모의 몫이라면 믿을까? 방관을 하든 밀착을 하든 중요한 것은 '내 아이에게 어떤 것이 잘 맞고 꼭 필요한가?'를 아는 것이다. 이 책에서는 바로 그에 대한 이야기를 해보려고 한다.

특히 이 장에서는 필자와 상담한 많은 부모들이 토로한 고민 중 탑 10에 드는 내용을 추려보았다. 책의 전반에 걸쳐 이 질문에 대한 답을 이어나가겠지만, 학습적 측면, 환경적 측면, 정서적 측면으로 나누었을 때 어떤 부분에 집중해서 아이를 바라보고 도와야 하는지에 대해 간단히 답을 해보았다. '아, 내가 이렇게 하면 안 되는 것이었구나.' '우리 아이가 이런 상태구나.' 하고 느껴진다면 답안에 있는 내용을 실제로 생활에 적용해보길 바란다. 그러면 조금씩 변해가는 아이의 모습을 느끼게 될 것이다.

 ## 1. 대체 공부를 왜 해야 하나요?

어느 날 아이가 물었습니다. "대체 공부를 왜 해야 하나요?" 뭐라고 대답해 주면 좋을지 잠시 망설여지더라고요. '공부를 왜 하긴! 학생이니까 하는 거지. 공부를 해야 좋은 대학에 가고, 좋은 직장을 얻어 편하게 살 거 아냐…' 물론 속마음을 그대로 말하지는 않았어요. 부모의 바람일 뿐 그게 정답은 아니니까요. 사실 부모인 저도 공부하는 이유를 제대로 모르는 것 같아요. 우리는 왜 공부를 하는 걸까요?

 **정서적 측면을 잡아주세요!**

　이 질문을 들었을 때 당황했을 부모님도 이해하지만, 답답한 마음으로 이런 질문을 던진 아이의 마음도 이해가 되어 마음이 참 안타깝습니다. 저는 "공부는 세상을 살아가는 힘"이라고 이야기하곤 했는데, 요즘 아이들에게 공부란 그저 남들이 하기 때문에 하는, 성적을 내야 하기 때문에 해야만 하는 '어렵고 힘든 것'으로 인식되고 있는 것 같아 안타깝습니다. 그런 마음으로 공부를 해야 하니 얼마나 괴로울까요.

　미국 아이비리그 대학생의 30%가 유태인이라는 통계를 본 적이 있습니다. 세계에서 가장 많은 노벨상을 수상한 것도 모두 유태인이죠. 어떻게 그럴 수 있을까요? 세계 최고의 대학들을 주름잡는 유태인들은 '공부'에 대한 개념부터 우리와는 확연히 다릅니다. 그들은 단지 좋은 학교에 진학하기 위해서가 아니라 삶 속에서 필요한 것이 바로 공부라고 생각합니다. 매순간 자신이 배운 것들을 토대로 생각하여 판단하고, 스스로 계획을 세우고 치열하게 자신과 싸우는 시간을 통해 무엇을 하든 몰입해서 성취해내는 힘을 갖게 되는 것이죠.

　그에 비해 학교와 학원을 오가며 세계에서 가장 많은 시간을 공부에 할애하는 우리 아이들에게 공부는 좀 다른 의미입니다. 학교와 가정에서도 아이들에게 공부의 의미를 바로 가르쳐주지 못하고 있는 게 현실입니다. 우리는 왜 목표를 세우고 공부해야 하는지, 왜 이렇게 많은 시간을 투자해 공부를 해야 하는지, 왜 이렇게 어려운 지식들을 내 것으로 만들어야 하는지에 대해 충분히 이해시켜주지 못한 채 성적표만으로 아이의 가치를 판단하기 일쑤입니다. 성적으로 다른 아이와 비교 당하는 아이들은 '공부'란 세상을 살아가는 데 필요한 것이 아니라 부모를 만족시키고 자신이 조금 더 떳떳해지는 데 필요한 것이라 생각하게 될 것입니다.

물론 공부는 어렵습니다. 매일 새로운 것을 배우고 익히며 자신과 싸워나가야 하는 과정입니다. 하지만 크고 작은 목표를 세우고 그것을 성취해나가는 과정을 통해 우리는 한계를 극복하는 방법을 배우고, 몰랐던 것들을 새로 알게 되며, 성인이 되었을 때는 우리가 하는 일에 그것이 어떻게 적용되는가를 보게 됩니다. 아이들에게 이러한 설명을 통해 공부를 해야 하는 이유를 이해시켜주고, 아이가 성취감을 느낄 수 있는 목표를 함께 만들어보세요. 작은 성취에도 충분한 물질적, 정신적 보상을 해준다면 아이는 공부의 맛을 느끼게 됩니다. 그리고 스스로 공부해야 하는 이유를 명확히 찾게 되는 순간 공부에 몰두하고 있는 아이를 만나게 될 것입니다.

 **2. 공부하려고 책상에 앉으면 뭘 해야 할지 몰라요**

아이가 중학교에 갓 입학했을 때는 공부하라고 너무 다그치면 안 되겠다 싶어서 좀 내버려둔 편이었어요. 그런데 2학년에 들어서서부터 마음이 조급해지더라고요. 아이가 학원에서는 그런대로 잘 따라가는 것 같은데, 집에 와서 책상에 앉으면 멀뚱멀뚱 뭘 해야 할지 모르는 거예요. 옆에서 보고 있자니 딴생각만 하는 듯하고, 억지로 앉아서 숙제 정도만 끝낼 뿐이에요. 공부한다고 책상에는 오래 앉아 있는데 과연 제대로 하고 있는 건지 걱정됩니다.

 학습적 측면을 잡아주세요!

"우리 아이가 공부에 재미를 좀 붙였으면 좋겠어요."

필자에게도 두 아들이 있지만 이런 마음은 세상 모든 부모가 가진 바람입니다. 그러나 부모의 이러한 간절함에도 불구하고 아이들은 대부분 억지로 공부합니다. 책상 앞에 몇 시간 동안 엉덩이를 붙이고 앉아 있는 아이들조차도 실은 어쩔 수 없이, 해야만 하니까 하는 경우가 대부분입니다. 공부하는 시간은 길지만 왜 성적이 오르지 않는지 모르겠다고 하소연하는 부모님의 아이들을 보면, 책상에 앉아는 있지만 스마트폰을 만지작거리거나 잡생각을 하며 시간을 보내는 걸 볼 수 있습니다. 학교나 학원 수업을 들을 때에는 곧잘 따라가는 것 같은데 집에 와 책상 앞에만 앉으면 집중을 하지 못하는 듯합니다. 왜 그런 걸까요?

이런 경우, 아이들의 학습적 측면을 잘 잡아주어야 합니다.

학교나 학원에서는 '지금 이 시간에 무엇을 해야 한다'는 가이드를 명확하게 받게 됩니다. 배우는 것에 익숙한 아이는 집에 돌아와 혼자 공부를 해야 할 때 무엇부터 해야 하는지, 어떤 과목부터 어떤 교재를 선택해서 해야 하는지, 진도는 어디까지 나가야 하고 몇 시까지 해야 하는지 혼란스러워합니다. '이런 건 기본 아니야?'라고 말할 수 있지만, 스스로 계획을 세워보지 못한 아이들에게는 막막한 상황으로 여겨질 수 있습니다.

누군가 수동적으로 학습 가이드를 해주기만 하던 아이들은 가장 먼저 스스로 계획을 짜기 위한 가이드를 해줄 필요가 있습니다. 부모가 이를 체크해줄 수 있다면 처음에는 함께 계획을 짜기 시작하세요. 이 책의 뒷부분부터 나오는 학습전략 가이드를 참고하면 도움이 될 것입니다. 그런 다음, 서서히 자신이 취약한 과목의 중요도 순서대로 시간을 안배하고 그날그날 알아서 계획을 짜고 실행할 수 있도록 합니다.

이미 책상 앞에 앉아 멍한 상태로 시간을 많이 보낸 아이들의 경우, 산만한 태도가 형성되었을 수 있습니다. 멀티태스킹하는 핸드폰도 만졌다가 음악도 들으며, PC도 봤다가, 문제도 풀었다가… 하는 등으로 여러 가지를 동시에 하면, 뇌는 무엇이 중요한지 몰라서 결코 어느 것도 효율적으로 처리할 수가 없습니다. 공부를 하려고 앉았지만 '공부를 하는 게 아니구나.' 하고 인식하는 것이죠. 따라서 '몰입학습법', 즉 한 가지에만 몰두하여 '지금 하고 있는 이것이 가장 중요한 거구나. 집중해야겠다.' 하고 뇌가 인식하게 만드는 학습법을 통해 공부에 대한 습관을 바로잡아주어야 합니다.

이러한 과정을 통해 기본적인 공부 태도가 잡히면, 스스로 세운 학습 계획을 바탕으로 혼자 공부하는 습관이 안정적으로 자리 잡을 것입니다.

3. 초등학교 때 공부 잘했던 아이, 왜 중학교에 와서 공부를 못하는 걸까?

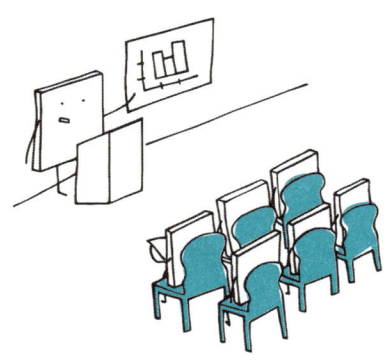

아이가 초등학교 때는 주위에서 부러워할 정도로 똑똑하단 소리를 많이 들었어요. 그래서 내심 중학교 성적을 기대했었는데, 자유학년제가 끝나자 학기 초부터 공부에 흥미를 느끼지 못하더니 성적이 점점 떨어지더라고요. 친구들과 놀기 좋아하고 아이돌에 빠져 있는데 이러다가 점점 공부하고는 멀어지는 게 아닐까요?

 **학습적 측면을 잡아주세요!**

아마 이 질문을 보며 공감하는 부모님들이 참 많을 것입니다. 가장 많은 상담 고민 중 하나이기도 하지요. 내 아이만큼은 그럴 리 없다며 자신했던 부모들도, 초등학교 때와는 확연히 다른 아이의 모습을 보고는 실망과 걱정을 동시에 하게 됩니다.

그런데 아이들은 어떨까요? 한 번도 경험해보지 않은 중학교 과정에 곧바로 적응하기란 쉽지 않을 것입니다. 초등학교 고학년 때 중학교 생활에 대한 준비가 철저했다면 충분히 극복할 수도 있겠지만, 그러지 않은 경우 낯선 환경과 교과목, 수업 시간과 방식, 시험, 학교생활 등은 어려운 숙제로만 느껴질 것입니다. 그렇게 변화된 환경에 제대로 적응하기도 전에 시험을 보니 성적이 나오지 않는 건 당연할 수밖에요.

아이의 매끄러운 적응을 위해 충분한 노력도 하지 않은 채, 부모님들은 이야기합니다. "초등학교 때 이렇게 잘했는데, 대체 왜 이러는 거죠? 뭐가 문제인 건가요?" 그리고 다급해져서 아이의 상태와 상관없이 선행학습 학원에 보내거나 물리적인 학습량만 늘리려고 합니다. 결국 중학교 때 성적을 잡지 못해 포기하는 아이들의 대부분이, 이러한 악순환을 거듭하는 과정에서 만들어집니다. 적응도 못하고, 재미를 느낄 틈도 없고, 부모의 조급함과 자신의 두려움이 한데 뭉쳐 절대 혼자 공부할 수 없는 상황이 되는 것이죠.

"그럼 이미 늦은 건가요?"

그렇지 않습니다. 이럴 때는 우선 급한 마음을 진정시키고 아이의 능력을 재점검하는 일부터 시작해야 합니다. 학습 전략을 짜는 것은 그 다음 일입니다. 늦었다고 생각이 들더라도 부모는 먼저 초등학교와 중학교가 어떻게 다른지 숙지해야 합니다. 그런 다음 아이에게도 이를 차근차근 이해시켜주세요. 중학교에서는 어떤 공부를 하게 되는지 교과과정을 중심으로 이야기하고, 초등학교와 어떤 점이 다르기에 어떤 마음가짐과 태도로 변화해나가야 하는지에 대해서도 이야기를 나눕니다.

갑작스런 환경 변화로 잔뜩 움츠러들어 실력을 제대로 발휘하지 못하는 아이에게 다시 한 번 공부에 대한 동기를 부여하는 것도 중요합니다. "성적이 왜 이 모양이야! 큰일이다 정말!" 하고 다그치기보다는, "적응하는 동안에는 그럴 수 있어. 금방 잘 따라갈 거야." 하고 자신감을 불어넣어주세요. 그리고 자신의 능력을 벗어나는 수준의 공부에 버거워하고 있지는 않은지 확인해봅니다. 70점이 나올 수밖에 없는 수준인데 100점이 나오는 게 당연한 것처럼 목표를 두고 공부를 하면 의욕도, 실력도 계속해서 떨어지게 됩니다. 무엇보다 초등학교 때와는 확연히 달라진 학습량을 잘 체크해서, 아이가 가능한 한 빨리 적응하고 익숙해질 수 있도록 도와주세요.

 ## 4. 공부 자존감을 높일 수 있을까?

어릴 때는 책도 많이 읽고 영어도 좋아하던 아이였는데, 중학교에 들어가 학년이 올라가면서 요즘엔 공부보다 스마트폰이나 웹툰에 빠져 있어요. 아무리 해도 성적이 오르지 않는다며 자기는 공부와 맞지 않는다는 둥, 공부에 대한 자존감이 뚝뚝 떨어져 보입니다. 저러다 영영 공부와 담 쌓는 건 아닌지… 이제 곧 고등학생이 되는데 열심히 해도 모자랄 판에 부정적인 생각만 하니 참 속상하네요.

 **정서적 측면을 잡아주세요!**

　아이들이 스마트폰이나 웹툰, 게임, 음악 등에 관심을 가지는 것은 당연합니다. 다른 아이들과 다르다고 볼 수는 없는 부분이죠. 성적이 좋은 아이들이라고 해서 이런 활동에 관심이 없는 건 아닙니다. 다른 점이 있다면 그들은 시간 안배를 잘해서 이러한 시간들까지 공부하는 데 긍정적인 영향으로 가져간다는 사실입니다.

　우선, 아이가 공부에서 멀어진다는 생각 때문에 자꾸 간섭하고 제재하려는 행동을 내려놓아야 합니다. 그럴수록 아이는 반항심을 갖거나 공부 자체에 대한 부정적인 생각이 형성될 수 있기 때문입니다. 우리가 공부를 하는 이유는 자기조절력, 자기통제력, 인내력 등을 스스로 공부하는 시간을 통해 얻기 위함입니다. 공부를 잘하는 아이는 공부하는 습관을 통해 이런 자질이 몸에 서서히 배어가기 때문에 스마트폰이나 웹툰을 보는 시간조차도 하루 중 휴식 시간으로 스스로에게 보상하며 공부를 이어나갈 수 있게 됩니다.

　"내 아이도 그렇게 할 수 있을까요?"

　물론 할 수 있습니다. 공부하기 싫어서 다른 것들을 하게 되었다기보다는, 공부가 잘 안 되기 때문에 공부에만 집중할 수가 없는 상태라고 하는 게 맞을 것입니다. 이럴 때에는 아이의 심리를 잘 들여다보고 정서적인 측면에서 도와줄 필요가 있습니다.

혹시, 이런 생각을 해보셨나요? '왜 내 아이는 공부를 안 하려고 하는 걸까? 공부에 대한 자신감이 떨어져서 그런 건 아닐까? 그렇다면 왜 자신감이 떨어진 거지?'

학습 상담을 하다 보면 요즘 아이들은 기본적인 학습 태도가 그리 나쁘지 않다는 걸 알 수 있습니다. 그런데 혼자 공부할 만큼의 실행력은 갖고 있지 않은 경우가 많습니다. 부모는 아이가 스스로 학습할 만큼 기다려주지도 않을뿐더러 아이는 늘 수동적으로 부모의 그늘에서 과잉보호되기 때문에, 자신이 무엇을 어떻게 해야 할지 알아서 하는 데는 완전 취약한 상태가 되어버린 것이죠. 게다가 칭찬보다는 부모의 조급한 모습에 더 길들여져서 공부에 대한 자존감 자체가 크게 떨어져 있는 걸 보게 됩니다.

내 아이가 공부에 재미를 붙이면서 좋아하는 것들을 알아서 조절하게 하고 싶다면, 우선 아이에게 칭찬해줄 수 있는 마인드를 가져보세요. 예를 들어, 전체적으로 성적이 우수하지는 않더라도 특정 과목을 잘하는 게 있다면 그 부분에 대한 아이의 재능을 칭찬해주는 겁니다. 그것이 불씨가 되어 다른 과목에도 영향을 미칠 수 있습니다. 또 공부뿐 아니라 운동을 잘하거나, 그림을 잘 그리거나, 노래 부르고 춤추는 것을 잘한다면 그것 또한 아낌없이 칭찬해주세요. 칭찬받는 것을 싫어하는 아이는 없습니다. 자신이 잘하는 것을 부모가 인정해주고 공감해준다면 아이는 자존감이 높아짐과 동시에 공부에서도 자신감이 저절로 생겨납니다.

 이것이 바탕이 되면 그 다음으로 부모가 함께 학습 목표를 잡아보는 것도 효과적입니다. 학습 목표를 잡을 때는 처음부터 높게 잡지 않도록 하세요. 아이의 능력에 비해 너무 큰 목표를 정해두면 아이가 따라갈 수 없어 좌절하게 됩니다. 교육특구에 있는 학교나 학원에서 종종 이런 아이들을 많이 볼 수 있는데, 역효과가 날 수도 있습니다. 주변 아이들에 맞추지 말고 오롯이 자신의 아이만 바라보세요. 높은 목표를 우러러보는 것보다 작은 성취감부터 차곡차곡 다져가는 것이 공부 자존감을 높이는 길입니다.

 ## 5. 문과 스타일 vs 이과 스타일, 내 아이는 어느 쪽일까?

부모 세대 때는 고등학교에 올라가서 문과를 갈 것인지, 이과를 갈 것인지가 참 중요했잖아요. 지금 아이들 세대는 그런 개념은 아니지만, 그래도 대학을 선택할 때 참고는 해야 할 것 같아요. 무조건 수학과 과학을 잘하면 이과, 국어와 영어를 잘하면 문과, 이렇게 생각하는 게 맞는 걸까요? 우리 아이가 문과 스타일인지, 이과 스타일인지 미리 알 수는 없을까요?

 **학습적 측면을 잡아주세요!**

　2022년 개정 교육 개편안 과정을 살펴보면 앞으로 문과와 이과의 구별은 크게 중요하지 않습니다. 하지만 대학에서는 문과와 이과가 나누어져 있기 때문에 최소한 고등학교 때부터라도 문과 계열의 학과를 갈 것인지, 이과 계열의 학과를 갈 것인지에 대해 고민해두어야 합니다. 물론 진로 고민은 중학교 때부터 시작하는 것이 가장 좋습니다. 중학생 시기에 진로가 명확히 결정되면, 고등학생이 되어서 어떤 공부에 주력해야 할지 좀 더 분명해지기 때문입니다. 학습 전략을 세울 때 진로가 결정된 학생은 아직 진로가 불분명한 학생에 비해 경쟁력이 생기고 긴 로드맵이 그려지게 됩니다. 또한 대학입시에서도 중요한, 아이의 공부 스토리가 만들어집니다.

　목표가 생기면 자신감도 생기기 마련입니다. 이런 경우 공부에 가속도가 붙어 쉽게 지치지 않습니다. 또 자신이 해야 할 공부에 관해 전체적인 맥락을 이해할 수 있어 효율적인 공부가 가능해집니다. 입시 전략을 제대로 세울 수 있다는 말입니다. 따라서 늦어도 중학교 3학년이나 고등학교 1학년 때까지는 자신이 어느 대학, 어느 학과에 가고 싶은지 결정하는 것이 좋습니다.

　그런데 내 아이가 문과 스타일인지, 이과 스타일인지 정확히 알기 위해서는 아이가 가진 학습적 역량, 성격, 적성과 흥미 등을 종합적으로 살펴봐야 합니다. 모든 학습 전략에는 내 아이를 객관적으로 파악하는 것이 먼저입니다. 아이의 성격 유형을 바탕으로 그에 맞는 진로를 선택하고 목표를 정해야 합니다. 목표가 정해지면 아이에게 맞는 공부 방법을 쉽게 찾을 수 있습니다. 본문을 통해 아이의 학습 역량과 성격 유형, 적성, 진로를 찾는 데 도움이 되길 바랍니다.

6. 스마트폰이나 게임에 빠져서 인강을 제대로 듣지 않아요

요즘 아이들 공부할 때 인강이 정말 중요하잖아요. 주변에서 인강으로 성적이 올랐다는 말도 종종 듣고요. 그럴 때마다 아이에게 집중해서 들으라고 잔소리를 하게 되네요. 그런데 스마트폰이나 게임을 할 때는 그렇게 집중을 잘하는 아이가 인강을 들을 때는 몸을 배배 꼬고 진득하게 앉아 있질 못합니다. 자꾸 핸드폰만 만지작거리니 공부가 제대로 될 리 없고요. 어떻게 하면 인강을 잘 들을 수 있을까요?

 **환경적 측면을 잡아주세요!**

　요즘 인강의 중요성을 모르는 학부모나 학생들은 없을 것입니다. 공부는 집중력이고 자신과의 싸움이라 할 수 있는데, 질문자도 알다시피 아이가 스마트폰이나 컴퓨터게임 등 다른 흥미 요소들에 빠져 있기 때문에 학습 태도가 나쁜 것입니다.

　여기서는 스마트폰이나 게임이 아이들에게 미치는 영향에 대해서보다는, 아이들의 '의무'와 '권리'에 관해서 좀 이야기를 해보고 싶습니다. 때때로 스트레스가 풀리는 신나는 게임을 하거나, 친구들과 관심사를 공유하며 공감대를 형성하는 SNS를 하는 것은 공부에 좋은 영향을 미칠 수 있습니다. 다만 이런 취미활동에는 전제 조건이 있어야 합니다. '자신이 해야 할 일을 모두 마친 뒤'라는 것입니다. 아이들이 이런 활동을 하는 것 자체가 잘못이라기보다는 자신이 해야 할 일을 모르거나 마땅히 할 게 없어서 핸드폰이나 컴퓨터를 붙들고 있는 게 문제입니다.

　가끔 아이들을 상담해보면 '의무'와 '권리'에 대해 정확히 인지하지 못하는 경우를 보게 됩니다. 부모는 늘 "잘못되었다!"고 말하지만, 아이들은 정작 무엇이 잘못되었는지 모를 수 있습니다. 따라서 부모는 학생으로서의 아이가 가진 권리와 의무에 대해 명확히 이해할 수 있도록 가르쳐야 합니다. 학생으로서 성실하게 학습에 임하고 스스로 공부하는 데 최선을 다해야 하는 것이 의무임을 잘 일깨워주고, 이 의무에 임했을 때 본인이 하고 싶은 것을 할 수 있는 권리가 주어진다는 것을 알려주어야 하는 것입니다.

 인강을 듣는 건 생각보다 쉽지 않습니다. 혼자 집중해서 들어야 하기에 끈기와 인내심, 집중력이 많이 필요합니다. 이렇게 혼자 하는 공부에는 목적의식과 계획, 의무감 등이 뒷받침되어야 하고, 이 어려운 것들을 해냈을 때 충분한 권리가 주어진다는 걸 알게 되면 성취감을 느끼며 비로소 혼자 공부하는 힘을 기를 수 있게 될 것입니다.

 ## 7. 특목고 vs 일반고, 어디에 보내야 유리할까?

아이가 성적도 좋고, 공부하려는 의지도 있어서 특목고에 보낼까 하는데요, 한편으로는 특목고에서 우수한 아이들과 경쟁하는 것보다 일반고에 가서 내신관리를 하는 게 더 낫지 않을까 싶은 생각도 들고요. 사실 영재고, 과학고, 외고, 국제고, 자사고 중 어느 학교에 보내야 할지도 혼란스러워요.

 환경적 측면을 잡아주세요!

예전에는 "왜 특목고에 보내려고 하세요?"라고 물으면 "좋은 대학에 보내기 위해서요."라고 망설임 없이 대답할 수 있었습니다. 하지만 이제는 그렇지 않습니다. '특목고 입학 = 상위권 대학교 입학'이라는 등식이 반드시 성립하는 것은 아니기 때문입니다. 학교를 선택할 때는 어느 학교에 보낼 것인지에 대한 고민보다 내 아이를 먼저 제대로 바라보는 것이 중요합니다. 단순히 아이의 학습능력만을 가지고 특목고를 보낼 것인지, 일반고를 보낼 것인지 판단해서는 안 된다는 뜻입니다.

아이가 가진 역량이나 성격, 적성을 먼저 살펴보세요. 내 아이의 성향과 기질은 어떤지, 환경에 영향을 많이 받는 아이인지, 자존감과 자신감이 높은 아이인지 등을 부모가 정확하게 알아야 학교 선택에서도 유리합니다. 기질과 성향에 따라 특목고에 가서 자신감과 도전정신을 발휘하는 아이가 있는가 하면, 경쟁구도에 약해 일반고에 가서 무조건 상위권을 유지해야 자존감이 유지되고 학업능률이 오르는 아이가 있습니다. 또 학습 분위기에 영향을 많이 받기 때문에 좋은 환경에서 공부하는 것이 필요한 아이가 있고, 주변 환경에 거의 휘둘리지 않아 어딜 가든 묵묵히 자기 할 일을 알아서 하는 아이도 있습니다.

　아이의 지능은 높은 것 같은데 학업 성적이 낮다거나, 집중력이 떨어져 공부에 어려움을 겪는다거나, 열심히 공부해도 학업 성적이 오르지 않는다거나 하는 고민들은 대부분 아이를 제대로 파악하지 못한 데서 비롯됩니다. 그 때문에 목표의식도 불확실해지고 진로와 진학에 대한 방향 설정도 어려워지는 것입니다.

　내 아이를 제대로 파악하는 것, 가장 쉬운 듯하면서도 가장 어려운 문제입니다. 아이를 모르면 결코 학습 전략과 진로 전략을 세울 수 없습니다. 본문에서 내 아이의 성향을 파악하는 법, 그에 따른 고등학교 선택법 등을 다루고 있으니 참고하길 바랍니다. 특목고와 일반고의 선택은 단순히 아이의 성적에 따라 결정해야 할 문제가 아님을 명심하세요.

8. 어떤 학원이 아이에게 잘 맞는지 알고 싶어요

아이가 중학교에 올라가니까 학원에 특히 신경 쓰이더라고요. 잘 가르친다고 소문난 학원에 솔깃해지고, 학부모 사이에서 인기 있는 학원에 관심도 가고요. 여러 군데 비교하고 고민해서 적당한 학원을 골랐다 생각했는데, 막상 아이가 잘 적응하고 있는지 확신이 서질 않네요. 학원을 선택할 때 무엇을 가장 중요하게 생각해야 할까요? 도대체 어떤 학원이 우리 아이에게 잘 맞는 학원인지 알고 싶어요.

 **환경적 측면을 잡아주세요!**

앞의 질문과 일맥상통하는 답변이라 생각이 듭니다. 공부 잘하는 옆집 아이가 다니는 학원, 대학 진학률이 높은 학원, 인기 강사가 있는 학원… 이런 학원들을 선택하기 이전에 먼저 시급히 해야 할 일이 있습니다. 바로 '내 아이의 학습능력과 기질, 성격, 적성'을 파악하는 일입니다. 질문자는 과연 이 부분에 대해 얼마나 알고 있나요? 객관적으로 이야기해줄 수 있을까요?

공부란 아이 스스로 해나가는 것이고 학원은 거기에 도움을 주는 곳일 뿐입니다. 같은 학원을 다녀도 성적이 잘 나오는 아이가 있고 그렇지 못한 아이가 있는 것은, 아이의 성향을 무시한 채 학원을 선택하기 때문에 그렇습니다. 학원이라는 조력자가 더욱 플러스 요인이 되게 하려면 먼저 아이의 성향부터 파악해야 합니다.

인터넷 강의와 학원, 종합반과 단과반, 소수정예와 그룹 강의… 어떤 스타일이 우리 아이에게 효율적일까? 강하게 이끌어주는 학원이 맞을까, 자율성을 많이 부여해주는 게 나을까? 우수한 아이들이 모인 학원에서 경쟁을 하는 게 나을까, 1:1이나 소수 정예로 맞춤별 학습을 하는 게 나을까?

아이의 학습 패턴, 학습 스타일은 모두 다르기 때문에 이것을 먼저 알아내는 것이 부모가 해야 할 가장 중요한 역할입니다. 부모가 파악하기 어렵다면 전문가의 도움을 받아보는 것도 방법일 수 있습니다. 또한 이 책에는 내 아이의 성향을 파악하기 위한 다양한 가이드들이 있으니 충분히 활용하는 것도 도움이 될 것입니다.

더 나은 학원을 보내는 것보다 더 확실한 경쟁력을 갖추는 길은 바로 아이에 대한 정확한 성향 파악입니다. 아이의 학습 진로와 인생 진로 또한 이것이 바탕이 되었을 때 훨씬 더 빨리 수월하게 갈 수 있습니다. "어떤 학원이 좋더라." 하는 이야기보다는 아이에게 관심을 갖고 진심으로 다가가는 시간을 더 가져보는 건 어떨까요.

 # 9. 선행학습이 중요한가요?

아이가 학원을 곧잘 다녔었는데 학습량이 많아지고 내용이 어려워지니까 힘들어하네요. 특히 수학 때문에 골치가 아파요. 저렇게 힘들어하는데 굳이 학원을 보내야 하나 싶고요. 그런데 주변 엄마들이 학원 얘기를 꺼낼 때마다 마음이 갈팡질팡하네요. 듣다 보면 은근히 우리 아이와 비교하게 되고 내 아이만 뒤처지는 건 아닌지 자꾸만 걱정도 되고요. 이제 곧 중학교 3학년이 되는데, 학년이 올라갈수록 준비를 더 해놔야 하는 건 아닐까요?

 학습적 측면을 잡아주세요!

무엇보다 아이의 학습적 측면에서 가이드가 필요해 보입니다.

심리학자 피아제Jean Piaget의 아동 발달 과정에 대한 이론에 따르면 첫 단계인 전조작기(0~8세) 때 심리정서적인 부분이 발달되고, 두 번째 단계인 구체적 조작기(8~11세)에 인지 능력이 발달된다고 합니다. 즉 10세를 전후로 한 3~4년이 학습을 구체화시키고 체계화해 뇌에 방을 만드는 시기라는 것입니다. 마지막으로 세 번째 단계인 형식적 조작기(12세 이후)에는 창의적 활동 부분에 대한 학습을 진행해야 한다고 합니다. 하지만 우리나라 학부모들은 대부분 인지 능력이 생기는 두 번째 단계를 건너뛰고 바로 세 번째 단계인 창의력 단계, 활동적인 학습 단계로 아이를 이끌어갑니다.

사실 이중 가장 중요한 것은 바로 인지 능력의 단계입니다. 수학적 인지 능력이 약하면 학습량만큼 결과가 나오지 않기 때문입니다. 인지 능력을 키우기 위해서는 반복학습이 필요합니다. 중학교 1학년이 고등학생이 보는《수학의 정석》을 본다 해도, 인지 능력이 없으면 이를 장기적으로 뇌에 저장할 수 없기 때문에 무용지물이 됩니다.

따라서 반복학습을 무시하고 곧바로 창의력을 키우는 학습을 한다가나 흥미 위주 학습 등의 단계로 건너 뛰어버리면 아이들의 학습 효과가 크게 떨어지는 것은 당연합니다. 복습이 전혀 되어 있지 않은 상태에서 새로운 학습이 들어올 자리는 없습니다.

학원에서 선행학습을 2시간 한다면 복습 시간을 3배(6시간)로 둬야 비로소 인지 능력을 통해 완전 학습이 됩니다. 하지만 복습을 해주는 학원은 드뭅니다. 시간이 많이 걸리고 관리가 어렵기 때문에 학원 수업은 예습 위주로 이루어집니다. 과거에는 예습이 중요하다고 했지만 지금 아이들에게는 복습이 훨씬 중요합니다. 스스로 공부하는 시간이 없기 때문입니다.

잘못된 선행학습은 개념이 부족한 아이들에게는 독약이 될 수 있습니다. 수업에 대한 흥미를 잃게 하고, 자신감을 상실하게 하며, 스스로 공부하는 게 아니라 학원 등 다른 힘에 이끌려 공부하는 무기력함을 양산하게 됩니다. 이런 아이들에게는 복습과 심화학습 위주의 공부가 필요하며, 선행학습은 이 과정을 충분히 소화해낼 수 있는 최상위권 아이들에게 필요한 학습입니다.

따라서 아이를 무작정 다른 아이들과 비교하며 학원에 보낼 것이 아니라, 반복학습을 통해 충분히 학습 내용을 자기 것으로 만드는 시간을 갖게 해주세요. 지금은 선행학습이 아니라 복습과 심화학습을 통해 인지 능력을 높여야 할 때입니다.

 **10. 공부해야지? vs 내가 알아서 한다고!**

중학교 2학년 딸아이가 요즘 공부 얘기만 꺼내면 화를 냅니다. 자기가 알아서 한다고 소리치거나, 어느 날엔 "지겹다!"란 소리까지 내뱉더라고요. 말싸움이 커지면서 감정의 골도 점점 깊어지네요. 고등학생이 되면 더 심해질 텐데, 이런 전쟁을 언제까지 계속해야 할까요?

 **정서적 측면을 잡아주세요!**

　공부는 부모와 아이의 사이를 갈라놓는 주범입니다. 특히 사춘기 자녀를 키우는 학부모들은 더욱 절실하게 느낄 것입니다. '저 아이가 내가 키운 내 아이가 맞나?' 싶을 정도로 거리감이 생기고 서운하기도 합니다. 그런데 이런 마음은 아이도 마찬가지라는 사실, 혹시 알고 있습니까? 눈만 마주치면 "공부하라!"는 엄마의 말이 어느 순간 아이의 귀에는 아예 들어오지도 않습니다. 때문에 필자는 학습 코칭을 전개할 때 "부모가 먼저 변하라!"는 단서를 답니다. 부모가 변하지 않으면 아이도 절대 변하지 않습니다.

　지나친 관심은 아이들에게 간섭으로 느껴집니다. "걱정하고 격려하는 거잖아요!" 하고 말하지만 아이들은 '부모님이 날 못 믿고 억지로 바꾸고 싶어 하는구나.'라고 느낄 수 있습니다. 아이와 골이 깊어지면 부모는 화해보다는 회피를 하려 들고, 아이의 행동이 못마땅해 자꾸만 화를 내게 됩니다. 혹시라도 이러한 고민을 안고 있는 부모라면, 지금은 무엇보다 아이의 정서적인 측면을 잡아주기 위해 노력해야 할 때입니다. 부모가 자식을 신뢰하면 자식은 결코 부모를 속이지 않는다는 말이 있습니다.

서로 감정이 상할 만큼 다툼이 일어났다면 대화를 통해 서로의 감정을 정리해야 합니다. 아이에게 부모는 신호등 같은 역할을 해주어야지, 절대 먼저 소리를 지르거나 분노를 표출해서는 안 됩니다. "알아서 안 하니까 자꾸 다그치게 되잖아요!" 하고 말할 수 있습니다.

인간이 자발적으로 무언가를 찾아서 하는 건 어떤 경우인가요? "이렇게 해!" "빨리 해!"라고 다그칠 때는 분명 아닐 것입니다. "오, 이거 정말 잘하네?" "생각보다 잘하는구나!" "지금도 잘하고 있어!" 하고 칭찬해주거나, "이 부분에 이런 소질이 있었네?" 하고 강점을 인정해줄 때는 어떤가요? 부모는 그 역할을 어떻게 하느냐에 따라 아이에게 가장 두렵고 힘든 존재가 될 수도 있고, 가장 든든한 응원자이자 버팀목이 되어줄 수도 있습니다. 아이의 숨은 강점을 찾아내어 칭찬해주고 그것을 발전시킬 수 있는 계기를 만들어주세요. 작은 하나에서라도 자신감이 붙으면 아이는 목표의식이 생기고, 학습 동기도 생겨 스스로 성과를 만들어내게 될 것입니다.

**자녀교육의 핵심은
지식을 넓히는 것이 아니라
자존감을 높이는 데 있다.**

― 레프 톨스토이 Leo Tolstoy

PART 2

혼공 전략

—

우리 아이 숨은 '능력' 찾기

혼자 공부하지 못하는 아이를
혼공하게 만드는 방법!
바로 내 아이의 숨은 '능력'을 찾아내면 된다.
아이들에게는 저마다 꽃피우지 못하고
잠들어 있는 능력이 분명히 있다.
그것을 찾아내고 꽃피워주는 일이 부모의 역할이고,
학습 컨설팅이 필요한 이유다.
아이에게 있는 강점을 발견하고,
그것을 발전시킬 수 있는
계기를 만들어주어야 한다.
아이들은 자신감이 생기면 목표의식이 생기고,
학습 동기도 생겨 스스로 성과를 만들어낸다.

Chapter 1

혼공 전략 준비단계:
나는 내 아이에 대해
얼마나 알고 있을까?

- 엄마는 보고 싶은 것만 본다
- 내 아이를 객관적으로 바라보라
- 정보력보다 중요한 것은 전략이다
- 엄마가 먼저 변해라
- 완전한 부모와 불완전한 부모
- 아빠만이 할 수 있는 것이 있다

엄마는
보고 싶은 것만 본다

엄마들에게 가장 먼저 묻고 싶은 것 하나. 내 아이가 학교나 학원에서 제대로 공부하고 있다고 생각하는가? 이 질문에 '그렇다'고 대답하는 엄마는 과연 얼마나 될까? 물론 정답을 얘기하는 엄마들도 간혹 있을 것이다. 하지만 필자가 생각하기에는, 대부분의 엄마들은 '그럴 것이다'라는 착각 속에 빠져 있다. 내 아이에 대해 모든 것을 알고 있다는 착각 말이다.

'우리 아이는 학교 수업을 잘 따라갈 거야.'

'좋은 학원에 보냈으니 조금만 열심히 하면 성적도 오를 거야.'

혹시 이런 생각을 하고 있지는 않은가? 일단 아이가 학교 수업을 마치고 학원에 앉아 있는 것만으로도 마음이 안정되고 위안이 되는 건 아닐까?

학생들은 학교나 학원에서 학습을 한다. 그런데 요즘 엄마들이나 아이들이 간혹 오해를 하는 경우가 있다. 학교 수업을 끝내거나 학원에 가서 공부하는 것만으로도 '학습'을 마쳤다고 생각하는 것이다.

《논어》에 '학이시습지學而時習之 불역열호不亦說乎'라는 말이 나온다. '배우고 때로 익히면 즐겁지 아니한가'라는 이 구절을 보면, '학습'이 아니라 '학'과 '습'으로 나누어 표현하고 있다.

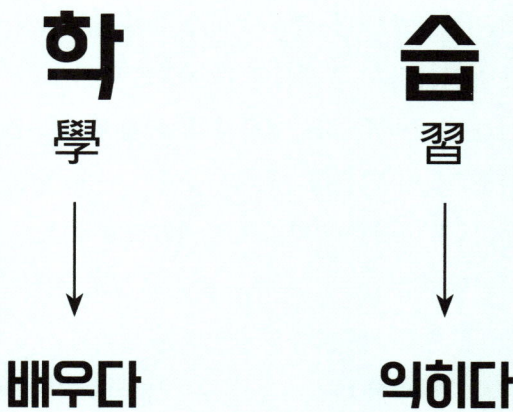

학學은 지식이나 정보를 배우는 것이고, 습習은 그 배운 내용을 내 몸으로 직접 익히는 것이다. 학學을 통해 아는 데서 그치지 말고, 끊임없는 '습習'을 통해 몸에 익숙하게 만들어 진정한 내 것으로 만드는 과정이 진정한 배움이란 뜻이다. 학생들은 학습을 한다고 하지만, 사실은 배우는 데만 집중하고 익히는 데는 시간을 할애하지 않는다. 배운 내용을 자기 것으로 소화하는 과정이 훨씬 더 중요하다. 다시 말해, 진정한 의미의 공부란 '혼자 하는 공부'다. 부모도 교사도 조력자일 뿐이다. 결국 공부는 혼자서 해내야 한다. 스스로 공부하는 시간이 많아야 제대로 된 학습을 했다고 할 수 있다.

우리 아이는 참 열심히 하는데도 성적이 잘 나오지 않는다고 하소연하는 학부모들이 많은데, 이것은 앞에서 말한 착각 속에 빠져있기 때문이다. 내 아이를 정확하게 들여다보자. 부모는 내 아이가 주도적으로 공부하고 있는지 가까운 곳에서 살펴보고 명확한 판단을 내려야 한다. 혼자서도 학습을 주도하는 아이와 그렇지 못한 아이는 우선 '공부 역량'이 다르다. 모든 아이들이 다 똑같지 않다. 그래서 아이마다 다른 공부 전략을 세워야 하는 것이다. 학습적인 부분이 필요해서 학습 능력을 키워주는 티칭Teaching이 필요한 아이들이 있고, 목표 설정 및 동기부여, 시간관리, 노트정리, 예습과 복습 방법, 플래너 등을 지속적으로 관리해주는 코칭Coaching이 필요한 아이들도 있다. 아이들마다 제각각 공부를 시작하는 출발점이 다르다는 말이다. 예를 들면 근성이 있고 욕구도 있는데 실행력이 따라주지 않는 아이들은 마인드 변화를 먼저 일으켜야 한다. 동기부여나 진로에 대한 방향성, 목표 같은 것들을 먼저 찾아주어야 한다는 것이다. 하지만 많은 엄마들이 착각 속에 빠져 자신이 보고 싶은 것만 아이에게서 보려고 한다.

1999년 미국의 심리학자 다니엘 사이먼스Daniel Simons와 크리스토퍼 차브리스Christopher Chabris의 흥미로운 실험에 대해 얘기해보자. 사이먼스와 차브리스는 6명의 학생들을 두 팀으로 나누어 한 팀은 검정색, 다른 한 팀은 흰색의 티셔츠를 입게 했다. 그리고 이들이 서로 농구공을 패스하는 장면을 동영상으로 찍어 실험자들에게 보여줬다. 실험자들은 영상을 보면서 흰 옷을 입은 팀이 몇 개의 패스를 하는지를 세라는 지시를 받았다. 그리고 영상이 끝난 후 물었다. "혹시 선수들이 아닌 다른 누군가를 보았습니까?"

사실 이 영상에는 고릴라 복장을 한 학생이 고릴라 흉내를 내듯 가슴을 두드린 후 퇴장하는 모습이 담겨 있었다. 하지만 흰 옷을 입은 팀의 패스에 집중한 나머지, 대부분의 실험자들은 그 고릴라를 보지 못했다. 이것이 바로 심리학 역사상 가장 유명하고 독창적인 '보이지 않는 고릴라' 실험이다.

실험자들은 농구공에 대한 인지 능력은 있지만 고릴라에게는 관심이 없었다. 한 가지에 집중하면 명백히 존재하는 다른 것을 보지 못하는 인지적 실험이었다. 이 실험이 말해주는 것은, 사람은 자신이 보고 싶은 것만 본다는 사실이다. 엄마도 마찬가지다. 내 아이가 많은 부분을 잘해내고 있다 해도 엄마 눈에는 차지 않는다. 왜 그럴까? 자신이 바라고 원하는 것이 채워지지 않으면 인정하려고 하지 않기 때문이다. 보려고 하는 부분에만 관심이 있다 보니, 아이가 신호를 보내는 다른 부분은 보이지 않는다. 제 나름대로 열심히 공부하고 노력하는 아이에게 엄마가 더 많은 것을 바라기만 한다면, 아이는 있던 의욕마저 상실하게 된다. 또 공부나 성적만 놓고 잔소리를 한다면 아이는 학습에 있어 부정적일 수밖에 없다. 성취감이 느껴지지 않는 공부에 아이의 학습 태도는 늘어지게 마련이고, 엄마와 아이의 관계도 점점 나빠질 것이다.

이런 케이스로 상담을 한 적이 있었는데, 이야기를 쭉 듣던 학부모가 펑펑 울음을 터뜨렸다. 그동안 아이가 하는 말을 들으려고도, 아이의 장점을 살피려고도 하지 않았다면서 늘 잔소리만 해댔던 자신이 후회가 된다고 말했다. 사실 이런 이야기를 심도 있게 하다 보면 울지 않는 학부모가 없다. 공부만 아니면 우리나라 모든 엄마와 아이가 행복할 것이란 생각에 씁쓸해지기도 한다. 하지만 분명, 해결 방법은 있다. 우선은 아이를 바라보는 습관, 태도부터 바꾸자. 내 아이를 제대로 파악하고 살피는 것이 먼저다.

내 아이를 객관적으로 바라보라

세상에서 가장 어려운 일이 내 아이를 객관적으로 바라보는 것이다. 오히려 남의 아이를 객관적으로 바라보는 것은 쉬운데

정작 내 배 아파 낳은 내 아이는 어렵기만 하다. 그런데 자녀의 성향이나 현재의 상황을 이해하지 못하면 아이의 진로 방향이나 올바른 학습 전략을 세울 수가 없다. 내 아이의 학습 능력은 많이 떨어지는데 잘하는 아이들에게 맞춰 공부를 시키면 아이가 힘들어서 성취도가 낮아질 것이고, 반대로 내 아이가 능력이 높은데 제대로 관리하지 못하고 내버려둔다면 그것 역시 성취도를 떨어트리는 요인이 된다. 때로는 부모의 모습을 자녀에게 투영하려고도 하고, 다른 아이들의 프로세스를 따라 하다가 감정이 부딪히는 경우도 있다. 특히 사교육 과열 지역의 학부모들은 잘못된 정보 때문에 자녀 관리의 어려움을 겪기도 한다.

자녀에게 무리하게 학업을 강요하거나, 장래희망 등을 강요하는 양육 태도는 자칫 자녀에게 정서적 문제를 일으킬 수 있다. 논문 〈부모의 양육태도가 청소년의 비행에 미치는 영향〉을 살펴보면, '부모가 마치 자녀를 소유물처럼 여겨 자녀의 생활을 간섭하고 통제하는 태도는 불안과 우울 등 정서적 문제를 일으킬 수 있고, 공격성이나 비행 등을 낳기도 한다'고 지적한다. 또 '자녀들이 스스로 목숨을 끊는 극단적 선택을 할 수도 있다'고 경고한다. 2017년 한 해만 우리나라 학생 자살사망자는 114명으로 학생들이 사흘에 한 명꼴로 안타까운 죽음을 선택했으며 학생 자살시도자도 무려 451명, 자해 행위를 시도한 학생은 2,200명 수준으로 조사되었다. 청소년들이 자살을 생각하는 이유는 과도한 경쟁 속 성적부진, 입시 고민 등 학업으로 인한 스트레스가 가장 크다고 분석된다. 특히,

특목고에서 자살까지 생각한 고위험군 학생이 5,288명에 달했다. '특목고 입시 스트레스'는 현재도 '특목고·영재고·자사고 입시 스트레스'나 'SKY 진학 스트레스' 등으로 이어지고 있다.

엄마들 사이에서 입소문이 난 학원의 한 강사는 이렇게 말했다. "일부 학부모들의 경우 '어디를 진학해야 한다'며 자녀에게 주는 스트레스가 심각하다. 아이가 열심히 하려는 의지가 있으면 좋을 텐데, 아닌 경우가 훨씬 많아 안타깝다. 그저 부모가 시키는 대로 특목중이나 자사고 등에 갔다가 성적이 하위권을 맴돌아 후회하는 경우도 다반사다." 실제 본인의 의지나 꿈과 큰 관련 없이 부모의 압박에 못 이겨 공부하는 학생들의 경우 심각한 정신적 고통을 호소한다. 결국 부모가 자신의 아이를 객관적으로 바라보지 못해서 일어나는 현상이다. 대부분의 엄마들은 내 아이의 능력을 실제 능력보다 높게 보는 편이다. 현실보다는 이상을 추구하는 것이다.

아이를 객관적으로 보기 위해서는 통합적인 시각이 중요하다. 단순히 성적으로 아이를 판단하고 파악하는 시대는 지났다. 아이가 가지고 있는 능력, 역량, 성격, 기질, 진로, 적성 등에 따라 아이의 특성이 달라질 수 있기 때문이다. 성격을 예로 들자면 부모와의 애착 관계, 출생 순위, 형제자매 관계, 엄마와의 궁합 등에 따라 여러 유형으로 다양하게 나타날 수 있다.

그림 하나를 보여주더라도 아이들의 반응은 다 제각각이다. 성격과 성향에 따라 자신의 눈에 먼저 보이는 것들이 다르고 그림을 보면서 드는 생각도 가지각색이다. 따라서 아이에게 꼭 맞는 학습

우리가 아이들에게 물려주어야 할
두 가지 영원한 유산이 있다.
하나는 뿌리고, 다른 하나는 날개다.

― 호딩 카터 Hodding Carter

방향을 찾아주기 위해서는 아이의 성향 파악이 우선이다.

자녀를 객관적으로 이해만 해도 학습의 반은 성공할 수 있다. 모든 결과에는 이유가 있듯 아이에게 나타나는 모든 현상에는 문제를 일으키는 원인이 존재한다. 그러한 문제를 찾아내고 해결한다면 성적도 자연스레 오른다. 제대로 된 컨설팅을 통해 자녀의 공부 문제를 진단하고 학습 방법이나 전략을 세워야 한다. 내 아이를 객관적으로 보는 것부터가 공부의 시작이다.

정보력보다 중요한 것은 전략이다

한때 엄마들 사이에서 유행했던 말 중에 '엄마의 정보력, 아빠의 무관심, 조부모의 경제력'이라는 말이 있다. 하지만 이 말은 그리 오래가지 못했다. 시대가 변하면서 아이에게 진짜 필요한 것은 '엄마의 전략, 아빠의 관심, 조부모의 인성'이 되었기 때문이다.

중앙일보의 〈열려라 공부〉에서 조사한 '전교 1등은 어떤 학생인가'의 자료를 보면, 대부분의 전교 1등들이 부모가 자녀에게 또는 자녀가 부모에게 친밀도가 높은 것으로 나타났다. 그리고 평일에 사교육 도움 없이 아이 스스로 공부하는 시간은 4시간 가까이 되었고, 주로 집에서 공부하며, 공부와 관련해서 부모에게 가장 많은 영향을 받는다고 했다.

이런 조사를 통해서도 알 수 있듯, 아이들에게 동기부여와 공부에 대한 당위성을 주기 위해서는 부모의 역할이 크다. 재능은 타고나는 것이지만, 역량은 찾아가는 것이다. 학습의 구체적인 목적은 역량을 길러주는 것이다. 따라서 양육자와 자녀 사이에서 형성되는 인성은 흔들리지 않는 뿌리 위에 자리 잡고, 그 바탕 위에 부모의 전략적인 자세가 입혀진다면, 내 아이의 역량을 찾아주는 지름길은 훨씬 쉽게 찾을 수 있다.

내 아이의 '공부 전략'을 세우기 위해서는 먼저 아이의 성향, 능력, 공부 습관, 적성과 흥미에 따라 개개인에 맞는 학습 방법을 찾아야 한다. 개인 성향을 무시한 채 동일한 교재와 동일한 시간표, 비슷한 내용과 방법 등으로 학습을 하게 되면 반짝 효과는 볼 수 있을지 모르겠지만 반대로 그렇지 않을 경우 역효과를 불러올 수 있다. 아이가 본인이 감당하기에 버거운 학습에 치이면 의욕 상실과 실행력 저하, 자존감 하락, 부모와의 마찰 등 치러야 할 리스크가 너무 크다. 따라서 객관적인 분석을 통해 내 아이에게 맞는 개별 전략을 세워야 한다. 엄마들끼리 삼삼오오 모여 정보를 나누고 주변 정보에 따라 철새처럼 휩쓸려 다니던 시대는 지났다. 다른 아이에게 잘 맞는 학원이 내 아이에게 잘 맞을 것이라 생각하는 건 큰 오산이다. 이젠 그런 착각에서 벗어나자.

상담을 하다 보면 어떻게 엄마가 그런 만능이 될 수 있냐며 처음엔 어려워하지만 대부분 잘 극복해낸다. 엄마들이 중심을 잡지 못했던 이유는 아이를 제대로 파악하지 못해서 생긴 일이라는 걸 공감하기 때문이다. 내 아이를 제대로 알게 되고, 나아가 아이의 진로 방향이나 목표가 설정되면 의외로 쉽게 풀어나갈 수 있다.

필자는 학습 코칭이나 컨설팅을 할 때 반드시 부모와 아이를 함께 참여시킨다. 부모 모두 함께하면 좋지만 특히 엄마들이 많이 참여하는 편이다. 그렇게 진단 검사를 하고 아이에 대해 알아가다 보면, 정말 내가 낳은 내 자식이지만 몰랐던 것도 알게 된다고 엄마들은 입을 모은다. 아이도 마찬가지다. 몇 개월만 공부해도 학교 성적이 오르는 아이가 있지만, 아무리 공부해도 점수가 오르지 않는 아이도 많다. 본인도 몰랐던 성격이나 기질, 능력을 알게 되면 학습의 문제점을 보다 명확하게 파악할 수 있다. 그렇게 되면 엄마는 전략적 멘토가 되어 내 아이에게 맞는 학습 전략을 세울 수 있다.

엄마가 먼저 변해라

강의나 상담을 할 때 '학습이 정서를 치유한다'는 말을 자주 한다. 자녀의 학습에 고민이 많은 학부모들에게 가장 먼저 들려주는 이야기다. 학습이 정서를 치유한다는 말은 무슨 뜻일까? 아이가 학습을 통해 성취감을 많이 느낄수록 자신감도 커지고 나아가 부모와의 정서적 관계도 좋아진다는 소리다. 그러려면 긍정적인 마음으로 학습에 임할 수 있도록 아이의 주변 환경을 만들어주어야 한다. 아이의 곁에서 많은 부분을 관여할 수밖에 없는 엄마의 역할이 중요해진다.

아이들과 처음 만났을 때 "엄마와 관계가 좋냐?"고 물어보면 그들은 피식 웃기만 할 뿐 대답을 잘 못한다. 아이가 생각하기에 좋은 것도 같고 아닌 것도 같고 알쏭달쏭한 것이다. 사실 엄마와 아이의 관계는 평소에는 대체로 좋다. 하지만 학습적인 관계로 들어가면 달라진다. 많은 엄마들이 아이들의 모든 것을 공부로 판단하려 들기 때문이다. 공부는 엄마와 아이의 사이를 갈라놓는 주범이 된다. 특히 사춘기 자녀를 키우는 학부모들은 더욱 절실하게 느낄 것이다. '저 아이가 내가 키운 내 아이가 맞나?' 싶을 정도로 거리감이 생기고 종종 서운한 마음이 든다. 아이는 눈만 마주치면 공부하라는 엄마의 말에 주눅이 들고, 반항심이 생기고, 어느 순간엔 그 말이 아예 귀에 들어오지도 않는 지경에 이른다. 점점 소통은 단절되고 감정의 골은 끝도 없이 깊어져 간다. 그렇기 때문에 필자는 학습 코칭을 전개하면서 '엄마가 먼저 변하라'는 단서를 단다. 엄마가 변하지 않으면 아이도 절대 변하지 않는다.

아이와 애써 줄다리기를 할 필요는 없다. 사랑하는 아이와 감정 싸움을 하면서 죄책감에 빠지는 것도 전혀 도움이 되지 않는다. 엄마의 역할은 그저 마음을 열어 아이의 이야기를 들어주는 것이다. 하루 동안 있었던 일을 재잘대는 아이의 소리에 귀를 기울이고, 아

우리의 뇌는
우리가 믿고 기대하는 방향으로
작동한다.

― 허버트 벤슨 Herbert Benson

이의 성취감을 북돋워주어야 한다.

칭찬과 격려는 아이들의 마음에 작은 불씨를 심어준다. 잘하는 과목이 있으면 다른 과목이 조금 부족하더라도 잘하는 것부터 칭찬해주자. 공부에 흥미가 없고 취미활동에만 관심을 기울인다면 그것은 그것대로 격려를 해주자. 아이는 자신이 좋아하고 잘하는 것에 대해 누군가가 칭찬을 해주면, 특히 그 사람이 부모라면 더욱 더 긍정적인 자세가 생긴다. 이런 정서가 밑바탕에 깔리면 잘 못하던 부분에서도 자신감을 가질 수 있다. 그것이 공부가 될 수도 있는 것이다. 이처럼 부모와 아이가 서로를 공감하는 과정은 학습에 있어 매우 큰 영향을 미친다.

학습 코칭 수업을 하다 보면 학부모들이 종종 이렇게 묻는다.

"우리 아이가 정말 변할까요?"

멘토는 그에 대한 확실한 답을 해줄 수 없다. 아이의 궁극적인 변화는 아이 본인과 멘토도 중요하지만 마지막으로 부모의 역할이 있어야만 최종 퍼즐이 맞춰지기 때문이다. 다시 강조하지만, 부모가 변해야 아이도 변할 수 있다.

그래서 나는 그런 질문을 받으면 이렇게 대답한다.

"부모가 60퍼센트 정도만 믿고 따라와 준다면 아이는 100퍼센트 변한다고 확신합니다."

학습 코칭은 아이를 변화시키는 과정이다. 옆에서 부모가 관심을 갖고 함께해주어야 진정한 의미의 변화가 이루어진다.

심리학자 칼 로저스는 다음과 같이 말했다.

- 부모가 자녀들을 간섭하지 않으면, 아이들은 스스로 자신들을 돌본다.
- 부모가 자녀에게 명령하지 않으면, 아이들은 알아서 행동한다.
- 부모가 자녀에게 설교하지 않으면, 아이들은 스스로 발전한다.

내 아이가 다른 아이들에 비해 조금이라도 부족하다고 생각하는가? 설령 그렇더라도 부모의 '기다려주는' 자세가 필요하다. 부모가 변하는 게 아이가 변하는 것보다 더 어려울 정도로 우리 부모들은 삭막하고 초조하다. 늘 공부 걱정을 달고 산다. 부모의 그러한 부정적인 정서가 아이들에게 영향을 미친다는 것을 명심하고 아이의 성장을 위해서라도 과감한 결단이 필요하다.

부모의 마인드부터 바꾸자. 자녀를 항상 따뜻한 눈빛으로 바라보라. 그것이 아이의 가능성과 비전을 찾아낼 수 있는 방법이다.

완전한 부모와 불완전한 부모

가족은 모빌과 같다. 하나가 조금이라도 움직이면 기다렸다는 듯이 전체가 소리를 낸다. 필자가 강의를 하면서 자주 강조하는 말이 하나 있다. 바로 '불완전한 양부모 밑에서 자라는 것보다 완전한 외부모 밑에서 자라는 것이 낫다'는 말이다. 적어도 학습에서는 그렇다. 부부관계가 좋지 않아 아이에게 불안감을 준다면 비록 한 명이라도 완벽한 아빠나 엄마 한 명이 공부에는 더 도움이 된다는 말이다. 가정이라는 작은 사회에서도 각자의 역할이 있지만 특히 그중에서도 부모의 역할이 크다.

언젠가 맞벌이 엄마를 상담한 적이 있는데 꽤 바쁘게 일하는 커리어 우먼이었다. 당연히 아이 교육에도 관심이 많았는데, 의외로 엄마의 고민은 매우 심각했다. 엄마가 바쁘다 보니 아이가 학습을 제대로 하는지 살펴줄 수 없었고, 또 항상 신경을 써주지 못해 미안해하다 보니 아이가 버릇이 점점 없어진다는 것이다. 학습도 제대로 안 되고, 인성도 나빠지는 경우였다. 직장에 다니는 엄마 중에는 이 경우처럼 아이가 안 되어 보여서 고집을 피우거나 버릇이 없어도 봐주는 엄마가 있는가 하면 아예 신경을 못 쓰니까 더 닦달하는 엄마들도 있다. 두 가지 경우 모두 바람직하지는 않다. 부모의 역할이 제대로 되지 않아 아이가 학습적인 면에서도 인성적인 면에서도 부족한 것이다.

보통 성공한 사람들의 삶을 보면 그 뒤에는 늘 훌륭한 부모가 든든하게 버티고 있다. 자녀에 대한 중심이 바로 서 있는 부모들이다. 장기적인 계획을 세우고, 아이에게 자율성을 부여하며, 사랑과 믿음으로 관심을 기울인다. 반면 어른들의 잣대로 윽박지르거나 아예 무관심한 부모 밑에서 자란 아이들은 삶의 질이 달라질 수밖에 없다. 그래서 가정환경과 부모의 관심이 중요하다는 것이다.

계속 나오는 말이기는 한데, 결국 앞으로의 사회는 엄마의 정보, 아빠의 무관심, 조부모의 경제력이 아니라 엄마의 전략, 아빠의 관심, 조부모의 인성이 필요한 시대다. 조부모가 키운 아이들은 공부는 모르겠지만 일단 인성은 좋다. 한 가지라도 잘한다. 세계적으로 성공한 많은 사람들이 어려서 조부모가 키운 사람이 많고, 그렇게 키워진 인성은 사회적으로도 중요한 성공 요인이 된다.

그렇다면 직장에 다니지도 않고 오로지 아이 공부에만 관심을 기울이면서 아이의 하루 전체를 관리하고 지원하는 평범한 엄마가 물어본다. 이렇게 열심히 노력하는데도 왜 아이가 변화가 없냐는 것이다. 대답은 간단하다. 엄마와 아이 사이에 공부가 끼어 있기 때문이다. 엄마가 완벽을 추구하면서 아이에게 학습을 강조하면 학습은 학습대로 인성은 인성대로 안 된다. 학년이 올라갈수록 학습으로 인한 스트레스는 커지고, 학습에 대한 불안함과 좌절이 인성까지 덩달아 좋지 않게 만든다. 공부를 조금 못해도 부모와 자녀 간의 관계에 더 초점을 맞추면 결국 해결되는 문제다. 아이가 잘할 수 있는 것을 찾아주고, 잘못된 학습습관을 바로잡아 주면서 공부에 흥미를 가질 수 있도록 말이다. 무조건 공부, 공부가 아니라 공부를 왜 해야 하는지, 공부를 통해서 성취 경험을 얻을 수 있도록 도와줘야 한다. 엄마의 변화 없이는 아이도 변하지 않는다. 가족이라는 울타리 안에 있는 구성원이 각자의 소리를 내는 것이 아니라 서로의 이야기에 귀기울이며 맞춰가야 하는 것이다.

여기에서 엄마와 아이의 관계만 중요한 것이 아니다. 엄마 아빠의 관계도 아이에게 많은 영향을 주기 때문이다. '완전한 부모와 불완전한 부모'라는 말을 그래서 한 것이다.

부부관계가 좋지 않으면 두 사람 중 한 명이 아이와 관계를 맺는다. 대부분 엄마다. 엄마는 당연히 아이 교육에서 주도권을 잡으면서 아빠를 배제시킨다. 하지만 아이는 엄마도 중요하지만 아빠에게서도 얻어야 할 것이 있다. 아빠가 학습에서 철저히 소외되면 결국 아이의 학습습관이나 진로 등 중요한 부분을 놓치게 된다. 아이에게 결코 유리한 것이 아닌데도 대부분의 엄마들은 아빠와의 관계를 회복시키지 못하면 아이 공부에까지 영향을 끼치는 경우가 많다. 이렇듯 부부관계가 친밀하지 않으면 아이는 겉돌게 되고, 부모 중 누구에게도 가깝게 다가가지 못할 수 있다.

부모가 한목소리를 내는 것도 중요하다. 엄마와 아빠가 아이의 공부 방향에 대해 의견이 다르다면 아이는 혼란스럽게 된다. 게다가 한쪽은 적극적이고, 다른 한쪽은 오히려 아예 무관심하다면 아이는 더욱 갈피를 잡을 수 없다. 아이의 공부는 단순히 지금 성적 몇 점을 올리고 등수를 올리는 계획이 아니라 아이 인생 전체의 계획이다. 그렇기 때문에 부부가 함께 고민하고 길을 찾아야 한다.

가정과 부모는 아이의 공부와 인성을 함께 성장시키는 소중한 역할을 한다. 매일 대화하고, 평소에 사랑한다고 말하고, 부부의 사랑을 보여주고, 평등하고 열린 마음으로 소통하고 공감하면 아이도 느낄 것이다. 아이는 어느새 친구보다 가족에게 제일 먼저 고민을 털어놓게 된다. 그러면 가족이 소중하고 늘 함께한다는 사실을 느끼는 것만으로도 충분한 경쟁력을 지니게 된다.

청소년 시기에 문제가 발생할 때는 부모의 문제가 원인인 경우가 많다. 부모의 갈등이 아이들에게도 영향을 미치는 것이다. 따라서 부부관계가 개선이 될 때 완전한 부모로서의 역할을 할 수 있다. 그러기 위해서는 부모 스스로가 행복을 찾고 삶을 변화시키려는 노력을 해야 할 것이다.

아빠만이 할 수 있는 것이 있다

엄마들은 우스갯소리로 아빠는 아이 공부에 무관심한 것이 도와주는 것이라고 말한다. 하지만 이제 그 말이 통하지 않는 시대가 되었다. 예전의 아빠들은 양육에 대한 주도권을 엄마에게 빼앗기고 아이들과 대화를 할 시간도 없이 돈만 벌어오는 기계가 아닌지 우울함을 호소하기도 했다. 그러나 이제는 다르다. 이미 사회적으로 아빠들의 역할이 주목받고 있고, 세계적으로도 이미 아빠 효과에 대한 수많은 연구 자료들이 쏟아지고 있다.

물론 우리나라는 아직은 시작 단계다. 교육적인 측면에서 여전히 모성애가 강하게 밑바탕을 차지하고 있는 엄마와는 비교 대상이 되지 않는다. 흔히 부성애는 만들어지는 것이라고 했는데 엄마와 역할을 나누기 위해 부단히 노력할 뿐이다. 아이와의 대화는 늘 서툴고, 시간은 없고, 정서적 교감을 하기도 쉽지 않다. 엄마는 아이와 하루 종일 티격태격하며 수많은 대화를 하지만 아빠는 고작 '학교 공부가 잘 되는지', '학원은 어디를 다니는지' 피상적인 질문만 하게 된다. 대화도 언제나 단답형이다. 아이들은 아빠가 가정에서 차지하는 비중과 역할을 모르지는 않는다. 하지만 어려서부터 아빠와의 관계 형성이 제대로 되어 있지 않으면 굳이 일부러 가까워지려고 노력하지 않는다. 하물며 청소년 시기는 더 그렇고, 이 시기가 지나가 버리면 성인이 되어서도 좀처럼 회복하기 힘들다.

아빠가 아이 교육에 적극적인 반응을 보인다면 아이의 공부 효과는 확연하게 달라질 수 있다. 아빠와 관계가 좋은 아이들이 사회성이 좋다는 연구 결과도 많다. 미국의 심리학자인 하워드 스틸은 100쌍의 부모들이 14년 전에 낳은 아이들의 성장 과정을 조사하면서 어릴 때 아빠와 관계가 좋았던 아이가 감정 조절을 잘하고 또래와의 갈등이 덜하다는 것을 밝혀냈다. 반대로 아빠와의 관계 형성이 부족한 아이들은 사회 적응력이 떨어진다는 결과가 나왔다.

그밖에 아빠와 자주 대화를 했던 딸들이 사회에서 두각을 나타내는 엘리트 여성인 알파걸로 성장하는 비율이 높다는 연구도 있다. 즉 아빠와 교류가 많은 아이들은 대체로 사회에서 능력을 발휘하며 안정된 생활을 하고, 결혼 후에도 행복한 가정을 꾸릴 확률이 크다는 것이다. 반면에 아빠의 부재는 아이들이 자라면서 관계에 대한 불만을 나타내고, 공격적인 성향을 나타낼 위험이 있으며 자기 조절력이 떨어질 수 있다. 아이들은 아버지로 인해 사회적인 존재로 거듭나며 세상 밖으로 나갈 준비를 하기 때문이다.

이렇듯 아버지는 존재감만으로도 중요한 역할을 하는데, 특히 요즘은 먼저 자녀에게 다가가고, 교육에 대한 관심을 가지고 있는 좋은 아빠들이 많다. 더 이상 자녀 교육에서 주변인으로 머무르지 않겠다는 의지인 것이다. 이런 현상은 아이가 성장 스토리를 만들어 나가는 과정에서도 도움이 된다. 엄마가 해줘야 할 역할이 있고, 아빠의 역할이 있기 때문이다. 따뜻한 말 한 마디, 함께 놀아주는 아버지, 고민을 들어주는 아버지 등등 모두 괜찮다. 필자는 아이의 역량을 키우기 위한 아버지의 역할을 다음의 세 가지로 정리해보았다.

독서 습관

아빠가 해야 할 일은 아이의 독서 습관 잡아주기다. 독서는 모든 공부의 기초가 된다. 독서를 많이 한 아이들이 학습 능력이 뛰어나고 인성도 풍부하다. 산만한 아이들이 독서 습관을 쉽게 가져가기 위해서는 어른들이 먼저 보여주어야 한다. 특히 아빠가 집에 와서 TV만 보거나 쉬는 날에 잠만 자는 것이 아니라 독서하는 모습을 보여준다면 아이들도 따라하게 된다. 하루에 30분~1시간만이라도 틈을 내서 아이와 함께 책을 읽는 습관을 들이자.

진로 지도

진로는 아이가 가져야 할 꿈이자 목표다. 물론 본인이 하고 싶고 잘하는 것을 찾아주어야 하지만 그보다 아이가 꿈을 꿀 수 있는 여건을 마련해주는 역할이 아빠의 몫이다. 가까운 곳이라도 자주 여행하고 함께 다니면서 경험을 하고, 세상에는 도전할 만한 가치가 있는 것들이 많다는 것을 아이가 느끼게 해주자. 아이는 언젠가는 홀로 세상에 나가야 한다. 아이가 두려워하지 않고 부딪힐 수 있도록 아빠는 용기와 자신감을 심어주는 가장 든든한 지원군이다.

인성 교육

아이들은 엄마와는 애착 관계가 잘 형성되어 있어서 심리적으로 분리되지 않는데 아빠와는 정서적인 유대감을 형성하기 어렵다. 하지만 어릴 때부터 아빠와 애착 관계가 형성된 아이들은 학습적인 면에서도, 인성적인 면에서 놀라운 능력을 발휘한다. 아빠가 인성 교육에 적극적으로 나서야 하는 이유다. 가족을 최우선으로 생각하고, 항상 사랑한다고 말해주면서 아이의 정서를 자극하자. 무엇보다 대화를 하는 시간을 많이 갖는 것이 좋다. 대화의 종류는 단순하고 피상적인 것이 아니라 즐겁고 유쾌하고, 삶을 성찰할 수 있는 속 깊은 대화다.

아빠가 이 세 가지 역할만 해주어도 아이는 자신이 가진 역량을 최대한 찾아내고 마음껏 발휘할 수 있다. 유념할 것은 아빠는 되도록 학습에는 관여하지 않는 것이 좋다. 아빠마저 학습에 관여하면 아이는 공부에 대한 나쁜 선입견이 생길 수 있다. 아빠는 아이의 인성과 진로, 독서 습관을 잡아주는 역할만 충실히 해도 백점만점이다. 지도하거나 가르치려고 하지 말고 마음속으로 편안함을 느끼면서 아이 곁으로 다가가자.

Chapter 2

혼공 전략 1단계: 성격을 파악하면 공부법이 보인다

- 공부는 Case by Case
- MBTI 성격유형, 내 아이는 어떤 성격일까?
- 부모와 아이의 성격에도 궁합이 있다
- 어떤 성격이 공부하기에 더 유리할까?
- 좌뇌형일까, 우뇌형일까?

공부는 Case by Case

아이를 이해하고 학습에 도움을 주는 첫 번째 단계는, 공부의 주체인 내 아이의 기질과 성격을 파악하는 것이다. 이 부분은 자녀 양육과 밀접한 연관이 있는 부분이어서 다소 민감할 수 있다. 그동안 미처 알지 못했던, 혹은 알고 있으면서도 상황이 여의치 못해 그냥 무시하고 넘겨버렸던 몇 가지 사항에 대해 고민해보자.

먼저 아이의 성향을 파악하는 데 중요한 요소 중 하나는 출생 순위다. 아이의 성향은 출생 순위에 따라 묘한 심리적 역학 관계가 있다. 형제자매들은 서로 보이지 않는 경쟁을 할 수도 있고, 각자의 성향에 따라 다른 행동양식을 보이기도 한다.

수직적이고 경쟁적인 관계 | 형제

형과 동생은 모든 관계를 수직적으로 맺는다. 형이 공부를 잘하면 동생은 형을 모방하지 않고 공부가 아닌 다른 것으로 경쟁하려고 한다. 부모가 형 위주로 공부를 시킨다면 눈치 빠른 동생은 형이 가지고 있지 않은 것을 찾게 된다. 보통 안정적이고 가족 간 유대관계가 좋은 가정에서는 형이 동생보다 공부를 잘하고, 다소 대화가 적은 가정에서는 형보다 동생이 잘하는 경우가 많다.

부모들은 대개 장남에게 관대하지 못하다. 아이에게 자신이 이루지 못했던 꿈과 희망을 투영하려 하기 때문에 기대치가 높고, 이

기대치를 충족시키지 못하면 자연히 인색해진다. 상대적으로 부모의 간섭과 통제가 덜한 동생은 수동적인 형에 비해 능동적인 아이가 된다. 그렇기에 형보다는 동생이 사회성이 좋고 기질이 강한 경우를 주변에서 많이 볼 수 있다.

형제가 둘 다 공부를 잘하는 경우는 우선 부모의 교육 방법이 다르다. 아이를 형이나 동생과 비교하지 않고 개개의 인격체로 대하며, 나름의 위치에 따른 고충과 어려움을 들어주고 끊임없이 대화하려는 노력을 기울인다. 결국 아이들 각각의 장점과 학습 방향을 존중해 각자에게 맞는 방법을 선택하고 집중하는 것이 중요하다.

선의의 경쟁을 통해 함께 자라는 수평적 관계 | **자매**

동생은 언니의 학습 태도를 모방하려고 한다. 형제와는 다르게 똑같은 것으로 경쟁하기 때문에 언니를 잘 키워놓으면 동생도 잘 키울 수 있다. 공부도 언니가 잘하면 동생도 잘한다. 따라서 부모는 교육의 포커스를 언니에게 맞춰야 한다. 그러면 동생도 수월해지기 때문이다. 하지만 심리적 경쟁 구도는 형제보다 자매가 훨씬 강하다. 서로 비교도 많이 하고 같은 것을 가지고 경쟁하기 때문에 심리적인 부분에서 누구 하나는 좌절감을 느낄 수밖에 없다. 그러므로 부모는 둘 사이의 가교 역할을 통해 두 아이에게 적절한 신경을 써줘야 한다. 자매의 경쟁이 선의의 경쟁이 될 수 있도록 지도해주어야 한다.

오빠와 누나에게 신경 써야 하는 관계 | 남매

오빠와 여동생의 경우, 형제 같은 남매로 수직적인 형태를 띤다. 만약에 동생이 강한 기질을 가지고 있다면 부모의 사랑을 독차지 할 수 있다. 이 경우 부모의 포커스가 오빠에게 맞춰져야 한다. 즉 야단을 치거나 할 때는 여동생이 없는 곳에서, 칭찬을 할 때는 가족 모두 있는 곳에서 하는 등, 오빠의 행동이나 성취를 여동생이 무시하거나 업신여기지 않을 수 있도록 부모가 오빠를 배려해야 한다.

반면 누나와 남동생의 경우는 자매 같은 남매로 수평적 관계를 형성한다. 누나에게 포커스를 맞춘 교육을 한다면 자연스럽게 남동생도 영향을 받고 따라오게 된다. 누나의 학습이 제대로 이루어진다면 남동생은 그리 걱정할 필요가 없다.

각각 이해하고 배려해주어야 하는 관계 | 삼남매

삼남매의 경우 첫째와 셋째의 사이가 원만하고 둘째의 기질이 강한 경우가 대부분이다. 둘째는 도발적이고 혁신적 사고가 강하기 때문에 정치인과 CEO들이 이에 해당되는 경우가 많다.

보통 부모들은 첫째를 엄격하게, 둘째를 중용적으로, 셋째는 관대하게 키운다. 둘째는 셋째와 적대적인 관계를 형성하기도 하는데 나이 차이가 많이 날수록 더욱더 심해진다. 하지만 이것은 기본적인 성향이고 가족의 분위기에 따라 여러 가지 다양한 관계와 성향이 나타날 수 있다. 따라서 이러한 기본 틀에 얽매이지 말고 아이의 성향에 맞게 각자 다르게 키울 수 있는 방법을 찾아야 한다.

체계적으로 관리해주어야 하는 관계 | 외동

관계를 맺을 형제나 자매가 없는 외동아이는 부모의 역할이 한층 커질 수밖에 없다. 외동이기 때문에 부모는 어려서부터 뭐든 해주고 싶어 하므로, 아이는 세상의 모든 것을 자기 뜻대로 할 수 있는 독불장군이 되기 쉽다. 이 경우 부모는 아이의 성향을 바르게 잡아주기 위해 신경 써야 한다.

외동아이에게는 경쟁하거나 따라가야 할 상대, 즉 롤모델이 없기 때문에 지속적인 학습 관리가 중요하다. 외동이야말로 적절한 학습 전략을 세우고 체계적으로 관리해야 한다. 초등학교까지는 부모가 곁에서 관리해주고 그 이후에는 자기 스스로 할 수 있도록 자리를 잡아주어야 한다. 그냥 놔두면 아이는 자기가 원하는 것만 하려고 한다. 그래서 지속적인 관찰과 컨설팅이 필요한 경우다.

다름과 차이를 인정해야 하는 관계 | 쌍둥이

쌍둥이도 각자 성향과 기질이 다르다. 만약 부모가 쌍둥이를 교육하는 데 차별성을 고려하지 않는다면 그냥 방치하는 것과 마찬가지다. 쌍둥이도 뇌 구조가 다르므로, 교육하는 방법도 달라야 한다. 각자의 개성에 맞는 맞춤 교육이 필요하다. 성별이나 성격에 따라 형제나 자매와 같은 구조로 이해하면 된다.

이처럼 출생 순위에 따른 아이의 성향이 학습에 미치는 영향은 크다고 할 수 있다. 심리학자 아들러Alfred Adler는 출생 순위에 따른 이론적 근거를 제시했는데, 위의 내용은 이를 우리나라 교육 현실에 맞게 분석해본 것이다.

그렇다면 이번엔 좀 더 세부적으로 들어가 보자. 아들과 딸, 성별에 따른 성향은 어떨까?

아이를 키워본 부모들은 아들과 딸이 얼마나 다른 존재인지 안다. 물론 개인차가 있겠지만 남자아이와 여자아이는 달라도 한참 다르다. 남자와 여자는 생물학적 차이 이외에도 공감 영역과 심리적인 측면에서 많은 차이가 나기 때문이다. 따라서 아이의 성별에 따라 양육태도를 다르게 해야 한다.

뇌 측면에서 살펴보면, 남자는 기억을 해마에 저장하고 여자는 대뇌피질에 저장한다. 기억장치 자체가 다르다. 여자는 좌뇌와 우뇌를 연결하는 뇌량이 발달되어 있는 반면, 남자는 뇌량이 여자보다 얇게 분포되어 있다. 예를 들어 여자들은 TV를 보면서 여러 가지 일을 한꺼번에 할 수 있지만, 남자들은 TV를 보다 전화가 오면 소리를 줄이거나 꺼야 한다. 어떤 일에 집중하고 있을 때 다른 일을 동시에 할 수 없다는 말이다.

아이들의 경우를 보자. 남자아이들은 게임을 하거나 공부에 집중하고 있을 때 옆에서 이야기를 하면 허투루 듣는다. 그러고는 나중에 그런 얘기를 들은 적이 없다고 하는데, 아이의 입장에서는 사실이다. 그렇기 때문에 남자아이의 경우 우선 주의를 집중시켜 놓고 눈을 맞춘 후 이야기를 해야 비로소 아이의 뇌에 각인이 된다. 흔히 여자아이들이 남자아이보다 언어 발달이나 학습이 빠르다고 하는데, 그것은 남자와 여자의 발달 단계가 다르기 때문에 나타나는 현상이다. 남자아이와 여자아이는 동기부여의 방법도 달라야 한다. 여자아이의 경우 일단 공감해주고 이야기를 많이 들어주는 것이 좋다. 하지만 남자아이의 경우 귀기울여 들어주는 것에 그쳐서는 안 되고 솔루션을 주어야 한다.

이처럼 아들과 딸은 여러모로 성향과 기질이 다르다는 점을 알고 키워야 한다. 그리고 그 바탕 위에 아들과 딸에게 결여된 다른 부분을 채워주기 위한 노력도 기울여야 할 것이다. 부모로서 내 아이의 성향을 파악하는 것은 당연히 필요한 일이다. 부모가 어떻게 교육하느냐에 따라 아이의 성향과 기질이 득이 될 수도 있고, 실이 될 수도 있다.

자, 이제 공부가 'Case by Case'라는 것을 인지했다면, 본격적으로 내 아이가 어떤 성격인지, 어떤 성격의 아이들이 공부하기에 더 유리한지, 그리고 각 성격에 따라 어떻게 학습지도를 해야 하는지에 대해 구체적으로 살펴보자.

MBTI 성격유형, 내 아이는 어떤 성격일까?

성격은 단순히 외향적인가, 내향적인가로 구분하기에는 너무나 복잡하다. 그렇기 때문에 좀 더 세밀하고 전문적인 접근이 필요하다. 실제로 성격검사를 해보면 자신도 몰랐던 의외의 면을 발견하는 경우가 많다. 그렇기에 성격을 면밀히 분석해 학습과 연관시켜보려는 노력이 필요하다. 성격은 학습하는 자세, 학습 환경에 대처하는 것, 자아존중감 등 많은 것들과 연관되기 때문이다.

MBTI는 심리학자 카를 융Carl Jung의 심리유형론을 바탕으로 연구 개발된 성격유형 선호 지표로, 성격을 이해하고 규명하는 데 널리 활용되고 있는 성격검사다. MBTI 성격유형은 크게 네 가지로 정의될 수 있다.

MBTI 성격 유형

외향성 E	← 에너지의 방향 →	내향성 I
감각형 S	← 인식 기능 →	직관형 N
사고형 T	← 판단기능/의사결정 →	감정형 F
판단형 J	← 생활양식 →	인식형 P

외향성과 내향성

외향성Extraversion과 내향성Introversion은 에너지의 방향으로 구분한다. 에너지가 밖으로 향하는지, 안으로 향하는지에 따라 외향적인 성격인지 내향적인 성격인지를 알 수 있다.

내향적인 사람은 말보다 생각이 더 편한 사람이다. 먼저 생각하고 말을 하며 정적이며 신중하다. 내가 속으로 이해해야만 비로소 행동으로 옮기는 사람이다. 타인에 대해 신경을 많이 쓰는 타입으로 외향적인 사람이 볼 때는 답답하게 비춰진다.

외향적인 사람은 말과 행동이 생각보다 앞서는 경우다. 글보다 말이 더 편하고, 매사에 열정적이고 활달하며 동적인 활동을 좋아한다. 또한 사람들과의 관계를 즐기고 직접 경험해보는 것을 좋아한다. 내향적인 사람이 볼 때는 수다스럽고 산만하다고 여겨진다.

이런 성격은 타고난 경우가 많아 쉽게 변하지 않는다. 아이들의 경우 학습에서도 성격적인 차이가 나타나는데, 내향적인 아이들은 조용히 앉아서 체계적으로 공부하는 반면 외향적인 아이들은 다양한 체험을 통하거나 여러 곳에서 공부하는 것을 선호하고 매사에 열정적이다.

감각형과 직관형

감각형Sensing과 직관형Intuition은 사물의 인식 기능으로 구분한다. 인식 기능은 공부에도 영향을 주기 때문에 아이의 학습 패턴을 알기 위해서 살펴보아야 할 성격유형이다.

만약 오감을 통해 보고 느낀 그대로를 말한다면 감각형이다. 산에 가면 나무와 풀과 바위와 흙 등을 자세히 살펴보는 타입으로 매우 구체적이고 현실적이다. 직관형은 자신만의 특별한 육감을 통해서 눈에 보이는 것의 이면에 주목한다. 산에 가면 나무가 아니라 숲 전체를 보는 스타일이다. 미래지향적이며 이해력과 판단력이 높다.

예를 들어 아이에게 '사과' 하면 무엇이 떠오르는지 물어보라. 만약 감각형 아이라면 동그랗다, 빨갛다, 맛있다 등 사과에 대한 구체적인 사실을 대답할 것이다. 있는 그대로를 받아들이기 때문에 현실적으로 사고하는 유형이다. 일이나 공부를 할 때도 정확하고 세심하기는 하지만 모험은 하지 않는다. 반면 직관형 아이라면 백설공주, 뉴턴, 윌리엄 텔처럼 사과를 상징하는 것들을 답할 것이다. 사물의 구체적인 모습보다는 연상되는 이미지를 떠올리는 것이다. 직관형은 자기가 스스로 기획하는 창의적인 일을 즐기므로 공부에 흥미를 갖고 다양한 경험을 할 수 있도록 해야 한다.

사고형과 감정형

사고형Thinking과 감정형Feeling은 판단 기능과 의사결정 기능에 따라 구분된다. 사고형은 머리로 판단하기 때문에 이성적이고 냉철하며 옳고 그름에 대한 판단이 정확하다. 또한 사건의 원리원칙을 매우 중요하게 생각한다. 그에 비해 감정형은 머리보다는 가슴으로 판단하기 때문에 매우 주관적이며, 그것이 나에게 주는 좋고 싫은 느낌에 따라 판단하게 된다.

　컨설팅을 하는 내 입장에서는 감정형의 아이를 대할 때 가장 편하다. 동기부여가 되고 마음을 움직여주면 컨설팅이 훨씬 수월하기 때문이다. 반면 사고형의 아이에게는 컨설팅을 하는 사람도 구체적인 논리로 다가가야 한다. 그래야 서로 말이 통할 수 있다. 부모도 마찬가지다. 내 아이가 감정형인지 사고형인지 파악한 후 효율적인 커뮤니케이션 스킬을 발휘해야 한다.

　감정형의 아이는 학원에 갈 때도 누구하고 함께 가느냐고 중요하다. 반면 사고형의 아이는 어떤 학원을 가느냐가 중요하다. 사고형의 아이가 뒤끝이 없고 심플하다면 감정형의 아이는 뒤끝이 있고 쉽게 마음에 상처를 받는다. 사고형에게는 논리적이고 이성적인 설득이 가능하고, 감정형에게는 마음을 흔들 수 있는 감동과 공감이 필요하다.

판단형과 인식형

　판단형Judging과 인식형Perceiving은 생활양식으로 구분한다. 판단형은 정리정돈을 잘하고 계획적이며, 목표가 뚜렷하고 특히 시간약속을 칼같이 지킨다. 인식형은 시간관리와 정리정돈이 안 되며 쉽게 늘어진다. 대신 융통성은 좋다.

　이번에는 부모를 예로 들어보자. 마트에 갈 때 판단형의 엄마는 목록을 미리 준비하지만 인식형은 그때그때 상황에 따라 계획 없는 장보기를 한다. 여행을 갈 때도 판단형은 일주일 전부터 준비를 하는데 인식형은 무계획이 계획이다. 목적지가 부산이더라도 중간에 막히면 대전으로 빠질 수도 있다. 어떤 유형이 더 낫다고는 말할 수 없다. 다만 아이와 부모의 유형이 다르면 부딪힐 수 있기 때문에 아이의 성격은 물론 부모의 성격도 잘 판단해야 한다.

예를 들어 부모가 인식형인데 아이가 판단형이면 아이는 견디기 힘들다. 부모가 기분 좋을 때는 모든 것이 용서되지만 기분이 나쁠 때는 같은 잘못을 해도 절대 용서받을 수 없다. 부모가 일관성이 없기 때문에 아이들은 뭘 잘못했는지도 모르게 된다. 또 부모가 판단형인데 아이가 인식형이라면 시간관념이 부족해 공부에 대한 학습습관을 잡기가 힘들어 부모가 힘들어질 수 있다.

뒤에 나오는 MBTI 검사를 통해 아이와 부모가 각각 어떤 유형인지 살펴보자. 성격에 따라 각 유형에 맞는 적절한 전략을 세울 수 있을 것이다.

부모와 아이의 성격에도 궁합이 있다

궁합은 결혼할 남녀 사이에만 따지는 게 아니다. 부모와 아이도 성격 궁합을 봐야 한다. 부모와 아이의 성격에 따라 다양한 문제가 발생하므로 아이의 성격유형을 살펴보았다면 반드시 부모의 성격유형도 검사해야 한다. 부모의 성격이 아이의 학습에 많은 영향을 주기 때문이다.

나는 대학원에서 〈부모의 MBTI 성격유형이 초중등 학생의 기초 학습 능력에 미치는 영향〉이라는 논문을 통해 부모와 아이의 성격 궁합이 아이의 공부에 어떤 영향을 미치는지 분석했다. 수많은 컨설팅을 진행하면서 예상은 했지만 결과는 역시 놀라웠다. 부모의 성격은 아이의 학습 능력, 학습활동력, 동기부여 등 전반적인 부분에 많은 영향을 끼치고 있었다.

분석한 내용을 간단하게 정리하면 NT(직관형·사고형) 성향의 부모들은 자녀의 학습을 지도할 때 이성적이면서 논리적으로 접근하고, SF(감각형·감정형) 성향의 부모들은 현실적이고 구체적으로 학습을 관리한다. 두 성향의 공통점은 부모가 아이를 잘 이해한다는 것이고, 이런 부모 밑에서 자란 아이가 성공할 확률이 높다. 또한 NF(직관형·감정형) 성향의 부모는 자녀들의 기억력, 집중력, 실행력, 학습 동기에 긍정적인 영향을 미치는 것으로 나온다. 이는 아이 스스로 학습 방법을 찾아갈 수 있도록 기다려주기 때문이다.

앞에서 설명하면서 잠깐 예를 들었지만, 즉흥적인 인식형 부모가 원칙이 뚜렷한 판단형의 아이와 만나면 어떻게 될까? 당연히 부모가 무원칙의 소유자다 보니 아이는 부모 기분에 많이 좌우되어 조심스러워지고 눈치를 보게 된다. 반대의 경우라면 일관성이 없는 아이가 계획적인 부모의 눈에 좋게 보일 리가 없다. 용돈도 혜

프게 쓰는 것 같고 시간관념도 없어 보인다. 이런 경우 아이는 부모 눈치는 보지 않지만 부모와 끊임없이 부딪히게 되어 부모가 자신을 제약하고 억압한다고 느낀다. 심지어 억울한 마음이 들기도 할 것이다.

이런 아이가 외향형이라면 부모와 감정을 풀기 위해 노력하겠지만 내향형의 아이라면 속으로만 쌓아두게 된다. 결국 부모와 소통하지 못하면 밖으로 돌게 되고, 다른 사람을 찾거나 홀로 우울증에 빠질 수도 있다. 부모는 아이가 말을 듣지 않는다고 자꾸 혼내거나 싸우려고만 하지 말고 내 아이의 성격을 잘 파악해 맞춰주기 위한 노력을 기울여야 한다. 아이의 성격적인 특성은 잘 변하지 않는다. 그렇기 때문에 부모의 이해와 노력이 절실하다.

감각형의 아이와 직관형의 아이를 대할 때는 표현 방법부터 달라야 한다. 감각형의 아이는 구체적인 방향을 제시해주어야 하지만 직관형의 아이라면 아이의 내면을 보고 말하고자 하는 요지를 캐치해야 한다. 감각형은 미래보다는 현실적인 문제를 해결해나가야 하고, 직관형은 미래의 계획에도 관심을 기울여야 한다. 두 아이의 경우 컨설팅을 하건, 대화를 하건 그 접근방식이 달라야 한다는 이야기다.

칭찬 또한 다르게 해주어야 한다. 시험을 보았을 때 직관형의 아이가 수학을 잘 보고 국어를 못 봤다면, 수학점수에 대해 아낌없이 칭찬해주고 국어도 수학처럼 잘해보자고 얘기해야 한다. 반면 감각형 아이는 이렇게 이야기할 경우 수학 칭찬 얘기만 귀에 들어오기 때문에 국어를 같이 잘하자는 뒤의 말은 아예 신경도 안 쓴다. 따라서 감각형 아이에게는 두 과목을 각각 구체적으로 얘기해주는 것이 좋다.

성격의 좋고 나쁨은 누가 판단할 문제가 아니다. 다만 제대로 된 학습 전략을 위해서는 부모가 아이와 어떻게 코드를 맞추고, 어떻게 아이를 이끌어주는지가 중요한 것이다. 아이의 성격을 제대로 파악하고 그에 맞는 학습 패턴을 활용하면 부모도 마음의 중심이 잡혀 불안하지 않다.

성격 문제는 단순히 공부에만 국한되는 것이 아니라 아이가 장차 사회에 나가서도 평생을 따라다닐 중요한 부분이다. 어려서부터 성격을 관리하고 올바르게 만들어줘야 할 부모의 역할이 중요하다.

어떤 성격이 공부하기에 더 유리할까?

MBTI 성격유형을 조합해보면 다음 표처럼 모두 16가지가 나온다. 이를 바탕으로 성격에 따른 학습 방향과 진로 전략에 대해 고민해보자.

MBTI 성격유형 16가지

ISTJ 완벽주의형	ISFJ 책사형	INFJ 예언자형	INTJ 과학자형
ISTP 백과사전형	ISFP 성인군자형	INFP 문학소녀형	INTP 아이디어뱅크형
ESTP 수완좋은 활동가형	ESFP 사교적인 유형	ENFP 스파크형	ENTP 발명가형
ESTJ 사업가형	ESFJ 천선도모형	ENFJ 언변능숙형	ENTJ 지도자형

멸치처럼 관리해야 하는 유형 | ISFP, INFP, ESFP, ENFP

손이 많이 가는 유형으로 부모가 앞에서 끌고 가야 한다. 멸치처럼 달달 볶아야 하고, 한눈을 팔면 자칫 타버릴 수도 있으니 잘 관리해야 하는 유형이다.

아이의 감성을 읽어가면서 지도하면 좋다. 주위 환경과 친구들로부터 영향을 많이 받기 때문에 연대감이 좋고 사회성이 발달되어 있다. 성격적으로 문과나 예체능 성향이 강한데 학습적인 측면에서는 근성이 부족하고 실행력이 떨어지는 경향이 있다. 따라서 꾸준하고도 세심한 관심이 필요한 스타일이다. 이 유형의 아이들은 다른 학습활동 지수를 참고해야 하겠지만 다소 특목고에는 적합하지 않을 가능성이 있기 때문에 억지로 특목고를 지향하게 할 경우 부모나 학생 모두 스트레스를 받을 수 있다. 그러나 환경에 영향을 많이 받기 때문에 수학을 잘한다면 특히 외고에 유리하다.

당근과 채찍을 같이 줘야 하는 유형 | ISFJ, INFJ, ESFJ, ENFJ

당근과 채찍을 같이 줘야 하는 유형이다. 앞에서 끌어줘야 하는 유형과 그냥 내버려둬도 되는 유형의 중간형이라 계획에 맞춰 일정 기간 학생의 성향에 맞는 맞춤형 관리를 해주면 학습 패턴이 잡힐 수 있다. 공부습관이 생길 수 있도록 동기부여나 실행력을 키워줘야 하는 스타일로 칭찬과 격려를 강하게 해줘야 한다. 다른 유형에 비해 사교성이 좋아서 기숙형 고등학교에 진학해도 무방하다.

대화를 많이 해야 하는 유형 | ISTP, INTP, ESTP, ENTP

전략적이고 장기적인 플랜에 따라 관리하면 효율적인 유형이다. 일정 기간 관리를 해야 하기 때문에 대화를 많이 하는 것이 필수다. 목표를 빨리 설정하고, 뚜렷한 동기부여를 심어주는 것이 중요하다. ST는 자사고에, NT는 과학고나 영재고에 진학하는 것이 유리하다.

믿고 지켜봐주어야 하는 유형 | ISTJ, INTJ, ESTJ, ENTJ

목표를 설정하고 스스로 찾아가며 공부하는 유형이다. 내버려두어도 알아서 잘하기 때문에 방치형, 방임형이라고 부르기도 한다. 특히 INTJ 성향인 경우에는 이과 계통의 과학고 스타일이며, 위 유형의 학생들은 대체로 특목고에 적합한 학습활동 유형을 보인다. 이과 성향이 강하고, 근성과 뚝심이 있기 때문에 자기주도학습에 적합하다.

성격과 공부의 관계에서 남녀 차이가 두드러지게 나타나는 부분이 있다. 바로, 여학생은 생활 속에서 성실하다고 해서 학습에서도 성실한 것은 아니지만 남학생은 생활이 성실하면 학습적인 면에서도 성실하다는 것이다. 물론 MBTI 성격유형이 모두 정답이라고 할 수는 없다. 하지만 이런 성향이나 기질이 갑자기 변하는 것이 아니기 때문에 앞에서 살펴본 학습 능력이나 학습활동, 학습 유형 등과 함께 다각도로 아이를 관찰하고 파악하여 진로에 대한 전략을 세워야 할 것이다.

태어난 아이는 모두 태어나는 순간에
레오나르도 다빈치가 일생에 걸쳐서 사용한 것보다
높은 지능의 잠재력을 가지고 있다.

— 글렌 도만Glenn Doman

MBTI

각 번호의 왼쪽과 오른쪽 문항 중 자신의 모습을 더 잘 설명하는 문항 쪽에 체크를 한다. 더 많이 체크된 쪽을 자신의 유형으로 선택한다(단, 동일한 개수가 나오면 각각 E, N, F, P로 표시하라).

✓	외향성(E)		내향성(I)	✓
			에너지 방향	
	여러 친구들과 두루 사귄다.	1	몇 명의 친구들과 깊이 사귄다.	
	말하고 생각한다.	2	생각하고 말한다.	
	모임에서 말이 많은 편이다.	3	누가 물어볼 때에야 대답한다.	
	활발하고 적극적이라는 말을 많이 듣는 편이다.	4	조용하고 차분하다는 말을 많이 듣는 편이다.	
	내 기분을 즉시 남에게 알린다.	5	내 기분을 마음속에만 간직하고 있다.	
	많은 친구들에게 얘기하는 게 더 좋다.	6	친한 친구들에게 얘기하는 게 더 좋다.	
	친구들과 함께 공부하면 잘 된다.	7	나 혼자 공부하면 더 잘 된다.	
	책 읽는 것보다 사람 만나는 게 더 좋다.	8	사람 만나는 것보다 책 읽는 게 더 좋다.	
	글쓰기보다 말하기가 더 좋다.	9	말하기보다 글쓰기가 더 좋다.	
	경험을 통해 이해한다.	10	이해가 되어야 행동에 옮긴다.	
	→ E와 I 중에서 나의 에너지 방향은? ( )			

	정보수집, 정보인식			
✓	감각형(S)		직관형(N)	✓
	구체적이고 정확한 표현을 잘 기억한다.	1	상상 속의 이야기를 잘 만들어낸다.	
	주변 사람의 외모나 특징을 잘 기억한다.	2	물건을 잃어버릴 때가 종종 있다.	
	꾸준하고 참을성 있다는 말을 듣는다.	3	창의적이고 독창적이란 말을 듣는다.	
	손으로 직접 하는 활동이 좋다.	4	기발한 질문을 많이 하는 편이다.	
	정물화를 그리는 게 편하다.	5	수채화를 그리는 게 편하다.	
	'사과'를 생각하면 동그랗다, 빨갛다가 생각난다.	6	'사과'를 생각하면 백설공주나 뉴턴이 생각난다.	
	남들 하는 대로 따라하는 게 편하다.	7	나만의 방법을 만드는 게 편하다.	
	현실적이고 고지식하다는 말을 듣는다.	8	공상 속에 친구가 있기도 하다.	
	꼼꼼하다는 말을 자주 듣는다.	9	'하고 싶다', '되고 싶다'는 꿈이 많다.	
	산에서 나무를 보는 스타일이다.	10	산에서 전체를 보는 스타일이다.	

→ S와 N 중에서 나의 인식 기능은? (   )

✓	사고형(T)		판단과 결정 감정형(F)	✓
	"왜?"라는 질문을 자주 한다.	1	남의 말을 잘 따르는 편이다.	
	의지가 강한 편이다.	2	인정이 많다는 말을 듣는 편이다.	
	꼬치꼬치 따지기를 잘하는 편이다.	3	협조적이고 순한 편이다.	
	참을성이 있다는 말을 듣는 편이다.	4	어려운 사람을 보면 마음이 안 좋다.	
	공평한 사람이 되고 싶다.	5	친절한 사람이 되고 싶다.	
	야단을 맞아도 울지 않는 편이다.	6	야단을 맞으면 눈물을 참을 수 없다.	
	어떤 일이든 이성적으로 판단한다.	7	어떤 일이든 가슴으로 판단한다.	
	논리적으로 설명을 잘한다.	8	이야기에 요점이 없을 때가 있다.	
	내가 싫으면 싫다.	9	친구 따라 강남 가는 스타일이다.	
	결정하는 일이 어렵지 않다.	10	양보를 잘하고 결정하기가 힘들다.	

→ T와 F 중에서 나의 판단 기능은? (   )

✓	판단형(J)	행동 양식	인식형(P)	✓
	공부나 일을 먼저 하고 논다.	1	먼저 놀고 난 후에 일을 한다.	
	쫓기면서 일을 하는 게 싫다.	2	막판에 몰아서 일할 수도 있다.	
	정리정돈된 깨끗한 방이 좋다.	3	방이 어지러워도 상관없다.	
	사전에 계획을 짜는 편이다.	4	계획을 짜는 것은 왠지 불편하다.	
	규칙적인 생활을 하는 편이다.	5	상황에 따라 유연하게 행동한다.	
	준비물을 잘 챙기는 편이다.	6	준비물 챙기는 걸 종종 잊어버린다.	
	계획에 없던 일이 생기면 짜증이 난다.	7	틀에 박힌 생활은 재미가 없다.	
	목표가 뚜렷하고 실천을 잘한다.	8	색다른 것이 좋고 짧은 공상을 즐긴다.	
	계획적으로 일을 하는 편이다.	9	그때그때 일을 해치우는 편이다.	
	남의 지시에 따르는 편이다.	10	내 마음에 따라 행동하는 편이다.	

→ J와 P 중에서 나의 생활 양식은? (   )

좌뇌형일까, 우뇌형일까?

성격을 파악하는 것과 동시에 반드시 살펴야 할 것이 아이의 뇌기능이다. 평소 아이가 내 아이 같지 않을 때가 있는가? 그렇다면 그 아이는 좌뇌 성향의 아이일 확률이 높다. 반대로 아이가 말을 잘 듣고 감수성이 풍부하며 온순한 타입이라면 우뇌 성향이라고 볼 수 있다. 좌뇌는 순차적 사고, 언어 능력, 수리 능력, 추리 능력과 같은 이성적 능력을 담당하고, 우뇌는 확산적 사고, 창의력, 직관 능력, 통합 능력 등 감성적 능력을 주관한다.

초등학교 저학년까지는 확산적 사고를 잘하는 우뇌형 아이들이 공부를 잘하지만 고학년 이후부터는 순차적 사고를 잘하는 좌뇌형이 공부를 더 잘하게 된다.

그러다 고등학교, 대학교에 진학하면 좌뇌가 발달되어 공부를 잘하던 아이들이 곧 한계에 부딪히게 된다. 고차원적인 서술형 문제와 창의적 응용문제를 해결하려면 우뇌의 능력이 필요하기 때문이다. 또한 수리력을 향상시키기 위한 공부만 중점적으로 하면 좌뇌 중심의 사고는 잘하지만 자기가 하고 싶은 것만 하기 때문에 창의력이 부족해진다.

반면 우뇌형 아이들은 한 번 보고 다 봤다고 생각해 공부를 대충하는 경향이 있다. 즉 학습 태도가 산만하고 반복학습을 싫어하는 것이다. 이렇듯 좌뇌형과 우뇌형의 학습 성향이 확연히 다르기 때문에 좌뇌와 우뇌를 균형 있게 발달시켜야 학습 능력이 조화롭게 향상된다.

좌뇌와 우뇌, 어떤 기능을 할까?

좌뇌	우뇌
언어 능력	통합 능력
수리 능력	창의력
추리 능력	직관 능력
이성적, 분석적 능력	감성적, 추상적 능력

뇌 유형은 공부법에 큰 영향을 미친다. 한쪽만 유난히 발달되어 있고 다른 한쪽이 부족하다면 효과적인 학습을 기대할 수 없다. 따라서 부모는 내 아이가 좌뇌가 활발한지, 우뇌가 활발한지 살펴보고 아이의 성향을 제대로 파악해 효과적인 지도 방법을 찾아내야 한다. 예를 들어, 독서 지도를 할 때도 아이가 좌뇌형인지 우뇌형인지에 따라 다르게 접근해야 한다. 좌뇌형 아이들에게는 감성적인 책들을 읽게 해 창의적이고 확산적인 사고를 키워주고, 우뇌형 아이들에게는 과학도서 등을 통해 체계적인 사고를 이끌어내야 한다. 아이의 좌뇌와 우뇌가 균형 있게 발달될 수 있도록 체계적인 학습 방법이 필요하다.

좌우뇌 유형 판별 테스트

	좌뇌형	YES	NO
1	내 아이지만 내 아이 같지 않다.		
2	자기 주장이 강하다.		
3	주위 친구들과 잘 어울리는 것을 힘들어한다.		
4	수학과 과학을 특히 좋아한다.		
5	조금 느리더라도 차근차근 단계적으로 문제를 해결해나간다.		
6	혼자서 무엇인가 골똘히 생각하는 시간을 가진다.		
7	주변 상황에 아랑곳하지 않고 자기 생각대로 하려 한다.		
8	완벽주의적인 경향이 있다.		
9	대체로 고집이 세다.		
10	논리적으로 이것저것 따져보는 것을 좋아한다.		
11	좋고 싫음이 분명하다.		
12	고지식하고 융통성이 떨어지며 생각이 경직된 것 같다.		
13	스스로 이해가 되어야 행동에 옮긴다.		
14	감성지수가 낮아 보이며, 남을 배려하는 마음이 부족한 것 같다.		
15	지능이 높고 여러 가지로 알고 싶은 것이 많다.		

	우뇌형	YES	NO
1	사람들에게 칭찬이나 인정받는 것을 좋아한다.		
2	수학에서 대수 파트(수연산)보다 도형 파트가 쉽다.		
3	주변에 다양한 부류의 친구들이 많고 인기가 많다.		
4	깊이 생각하는 것을 싫어하고 공부하면서 딴생각이 많은 것 같다.		
5	눈치가 빠르다.		
6	말을 잘하고 언어적으로 발달한 것 같다.		
7	감성이나 직관이 뛰어나다.		
8	공상과학, 판타지 소설 등은 좋아하나 위인전, 역사 등은 싫어한다.		
9	조용히 느끼고 생각하는 것보다 뭐든지 몸으로 하는 것을 좋아한다.		
10	머리는 좋은 것 같은데 성적은 생각하는 것만큼 나오지 않는다.		
11	감성이 풍부하고, 꼼꼼하지 않아 실수하는 경우가 많다.		
12	책을 읽어도 대충 읽고, 구체적인 내용을 물어보면 잘 모른다.		
13	반복학습을 싫어한다. 특히 매일 하는 학습지는 아주 싫어한다.		
14	건강하고 활동적이며 적극적이다.		
15	큰소리를 잘 친다. 특히 시험을 보면 무조건 다 잘 봤다고 한다.		

좌뇌형 YES의 총 개수: _____

우뇌형 YES의 총 개수: _____

좌뇌형 문항과 우뇌형 문항 중 YES의 개수가 더 많은 쪽 성향을 갖고 있다고 생각하면 된다. 만약 비슷한 결과가 나왔다면 좌우뇌가 균형 있게 발달한 것이다.

Chapter 3

혼공 전략 2단계: 잠재된 학습 능력을 끌어올린다

- 공부머리 좌우하는 4가지 인지 능력
- 자녀 유형에 따른 학습 코칭법
- 공부 효율성을 높여주는 학습활동력
- 학습활동 유형에 따른 학습지도 유형
- 특목고, 자사고, 일반고… 어느 고등학교에 가야 하나?
- 내 아이에게 맞는 학원은 어디일까?

공부머리 좌우하는
4가지 인지 능력

단순히 IQ가 높다고 공부를 잘할까? 절대 그렇지 않다. 그렇다면 자녀의 공부 소질을 기르기 위해 부모는 어떠한 역할을 해야 할까? 바로 아이가 가진 학습 능력 중 어떤 영역이 높고 어떤 영역이 낮은가에 따라 학습 패턴을 달리하는 것이다.

아이가 가지고 있는 학습 능력, 학습 성향에 따라 온라인 강의가 맞는지, 학원이 맞는지 또는 학원을 선택할 때 종합반이 맞는지 일대일 수업이 맞는지가 달라진다. 심지어는 자녀의 학습 성향에 따라 일반고, 특목고, 자사고 진학 등 고교 선택 방법 또한 달라질 수 있다.

학습 능력을 이야기할 때 중요하게 고려해야 할 부분은 네 가지다. 바로 어휘력, 추리력, 수리력, 공간지각력이다. 먼저 어휘력은 읽고, 듣고, 쓰고, 말하기에 대한 능력으로 학습에 있어 가장 기초적인 부분이며, 추리력은 어떤 사물이나 정보에 대해 사고하고 분석하는 능력을, 수리력은 수학적 논리적인 사고와 문제해결력을 갖춘 기본 능력을 뜻한다. 마지막으로 공간지각력은 공간능력과 지각능력, 관찰력, 창의력과 밀접한 관련이 있다. 이중에서 유일하게 선천적으로 부모로부터 물려받는 영역이 공간지각력이고 나머지는 후천적으로 개발되는 영역이다.

이러한 인지 능력들은 반복과 정리학습을 통해 강화된다. 하지만 요즘 아이들은 이를 위한 반복학습과 정리를 귀찮아해 학습의 어려움을 많이 겪고 있다. 이는 우리 교육이 아이들의 인지 능력 형성 단계를 소홀히 한다는 점에서 비롯되는 문제다. 아이가 11세가 되기 이전에 인지 능력이 생길 수 있도록 학습을 구체화하고 체계화시켜 뇌에 방을 만드는 일을 해야 한다. 그것이 곧 반복과 정리다. 12세 이후에는 창의적 활동이나 문제 해결력이 발달할 수 있도록 해야 한다.

학습지도 유형

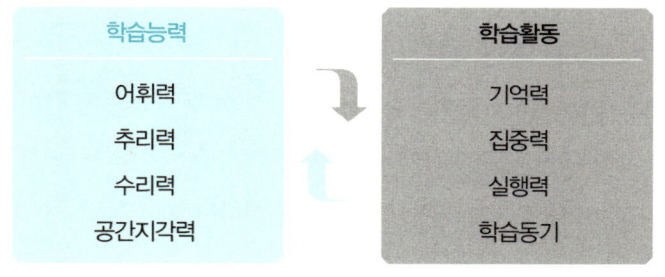

네 가지 학습 능력 가운데 가장 중요한 것이 공간지각력이다. 공간지각능력은 확산적 사고와 외부에 대한 관심, 창의적인 사고를 나타내기 때문에 21세기형 또는 4차 산업혁명 시대의 창의적 인재에 가장 잘 어울린다. 또한 다른 학습 능력들과 조화를 이루어 시너지 효과를 낼 수 있는 가장 기본적인 역할을 수행하고 있기도 하다.

다만 현실적으로 공간지각력이 높은 아이들이 무조건적으로 공부를 잘하는 것은 아니다. 반대로 공간지각력이 낮다고 공부를 잘하는 것도 아니다. 공간지각력이 높은 아이는 우뇌 성향이다. 초등학교 때나 대학교에서는 창의적이고 확산적 사고를 하는 우뇌형이 공부하기에 더 유리할 수 있다. 하지만 학습을 구조화, 체계화, 질서화해야 하는 중고등학교에서는 수렴적 사고를 해야 하기 때문에 좌뇌형이 더 유리하다. 이때 수리력과 공간지각력이 함께 높으면 영재고나 과학고에 적합한 아이다.

반면에 공간지각력이 높은데 수리력이 떨어지면, 틀에 얽매이는 것을 싫어하기 때문에 예술 분야에 관심을 보일 수 있다. 공간지각력이 낮은 아이들에게 2% 부족한 부분은, 시키는 것은 성실하게 잘하나 응용력과 창의력, 깊이에 약점이 있다는 것이다. 이러한 특성을 가진 아이가 과학고에 진학할 경우 학습에 어려움을 겪게 된다. 이런 유형은 일반고 진학이 더욱 유리하다.

이렇듯 공간지각력은 야누스적이고 이중적이다. 높으면 좋을 수도 있고 나쁠 수도 있으며, 반대로 낮아서 좋을 수도, 나쁠 수도 있는 것이다. 하지만 공간지각력은 지능에서 가장 큰 영향을 끼치고, 앞으로의 시대에 중요한 밑거름이 되는 능력이기 때문에 다른 능력과 함께 균형 있게 발달시킨다면 좋은 학습 성과를 이룰 수 있게 된다. 결국 앞의 네 가지 학습 능력 중 한두 가지 능력의 수준이 지나치게 높거나 낮으면 그것을 보완하고 개선해 모두 골고루 발달시킬 방법을 찾아야 한다.

아이들에게는
저마다 꽃피우지 못하고
잠들어 있는 능력이 분명히 있다.

자녀 유형에 따른 학습 코칭법

그렇다면 공부를 잘하려면 네 가지 학습 능력 중 어디에 우선순위를 두어야 할까? 어휘력, 추리력, 수리력, 공간지각력이 모두 높은 아이가 있다면 특목고에 보내 자신의 능력을 마음껏 발휘하게 도와주면 된다. 그러나 현실적으로 네 가지 학습 능력을 다 갖추기란 쉽지 않다. 이 중 어떤 능력이 더 뛰어난지 살펴보고 학습 능력에 맞춘 공부 방법을 찾아야 한다. 네 가지 학습 능력을 학습 환경에 따라 유형별로 분류하고 어떤 학원이 잘 맞는지 살펴볼 필요도 있다.

어휘력이 뛰어난 아이 | 협동표현형

어휘력이 우수하면 다른 과목의 학습 능률 또한 오르게 된다. 어휘력이 좋다는 것은 비단 학습뿐만 아니라 사회생활을 하는 데 있어서도 큰 도움이 되며, 그만큼 자신의 생각을 명확히 표현할 수 있는 능력을 갖춘 것이다. 이 아이들은 사회성이 좋고 대인관계도 좋다. 따라서 대부분 우호적인 환경에서 높은 학습효과를 보이고 혼자 해결책을 찾아야 하는 상황에서는 어려움을 느끼기 때문에, 종합학원에서 여러 친구들과 학습하는 것이 효율적이다.

추리력이 뛰어난 아이 | **직관사고형**

여기에 속하는 아이들은 전체적인 의미를 빠르게 잘 파악하며 분석하고 사고하는 능력이 좋다. 또 기발한 아이디어를 잘 내고, 확산적 사고를 하는 편이다. 반면에 부분적인 이해도는 낮고 공부를 대충하는 경향이 있다. 과목에 대한 흥미의 편차가 매우 심해서 빠르고 구체적으로 피드백을 해줄 수 있는 조력자가 중요하다. 이에 따라 일대일 단과학원이나 소수정예가 잘 맞다. 특히 어휘력과 수리력을 보충하면 학습 효율을 최대화시킬 수 있다.

수리력이 뛰어난 아이 | **순차학습형**

수리력이 높으면 수에 대한 기초적 능력은 물론, 논리적인 사고의 힘도 기를 수 있게 된다. 또한 암기력, 집중력, 끈기, 논리성 등과 같은 사고력이 동반한다는 특징이 있다. 구체적인 정답을 순차적으로 잘 찾는 수렴적 사고를 하며 뇌에 구조화, 체계화를 잘하지만 확산적 사고는 부족하다. 따라서 이런 유형은 공부할 때에 숲은 못 보고 나무만 보게 되는 경우가 많다. 따라서 전체적인 흐름을 익히려는 노력이 중요하다. 책을 추천할 때도 사고력과 확산력을 키울 수 있도록 해주는 책을 권하는 것이 좋다.

공간지각력이 뛰어난 아이 | **감성학습형**

이 유형의 아이들은 외부 세계에 대한 관심이 많고 시각 정보가 탁월하며 창의적이다. 특히 원래 기억력이 좋은 편이라 자신이 관심 있게 경험하고 체험한 것에 한해서는 기가 막히게 기억한다. 반면에 억지로 외워야 하는 영어단어는 하루 종일 걸리고, 반복을 싫어해 공부를 대충한다는 단점이 있다. 감정이 맞는 사람과 공부하면 학습 효율이 높아지기 때문에 일대일로 공부하는 것이 효과적이며, 인정을 받으면 기분이 좋아 성적도 오르는 유형이다. 공간지각력이 높으면 반복학습을 위한 수학을, 낮으면 창의적 사고 확장을 위한 국어를 깊이 공부하는 것이 필요하다.

아이마다 어떤 능력이 더 강한지에 따라 학습 방향을 다르게 해야 하며, 궁극적으로 위의 영역들을 골고루 균형 있게 발전시켜야 한다. 네 가지의 능력 자체가 발달하는 시기와 과정이 다르기 때문에 학습 방법도 그에 맞게 '맞춤 학습법'이 이루어져야만 최대한의 학습 능력을 끌어낼 수 있다.

공부 효율성을 높여주는 학습활동력

학습 능력과 함께 공부 효율성을 높여주는 것이 학습활동이다. 타고난 인지 역량인 학습 능력과 달리 학습활동력은 개인적 성향에 따라 다르게 나타나는 것이 특징이다. 학습활동에는 기억력, 집중력, 실행력, 학습 동기가 있다. 이것들은 선천적이라기보다 학습활동을 할 때 나타나는 결과들이다.

요즘 아이들에게 가장 부족한 것은 학습 동기와 실행력이다. 실행력을 키우려면 우선 시간관리, 목표 설정, 노트필기, 복습, 예습, 시험 대비법 등에 대한 계획을 잘 세워야 한다. 그런데 요즘 아이들은 모든 것이 부모의 주관 하에 이루어지는 경우가 많기 때문에 실제로 혼자서는 어떻게 해야 할지 잘 모른다. 스스로 공부하는 습관이 안 들어 있다는 것이다. 스스로 계획을 세우고 구체적인 목표를 정해 성취감을 느낄 수 있어야 실행력을 높일 수 있다.

학습 동기도 마찬가지다. 요즘 아이들의 학습 동기 에너지는 대체로 낮은 편이다. 에너지 자체가 추진력인데 내적 동기가 없다 보니 방향이 제대로 잡히지 않아 학습 동기가 생기지 않는 것이다. 이처럼 학습 동기와 실행력이 낮게 나타난다면 학습에 대한 흥미가 떨어지지는 않았는지 살펴보아야 한다. 그에 따라 아이가 자신감을 키울 수 있도록 동기를 부여하고 비전을 제시하며, 학습 능력이 균형 있게 발달할 수 있는 학습습관을 기르도록 도와주어야 한다. 또한 학습 능력의 높고 낮음에 따라 어떤 학습 스타일이 효율적일지 고민하고, 학습 방향을 제대로 선택해야 한다. 학습활동력 네 가지를 간략하게 살펴보면 다음과 같다.

학습한 내용을 잊어버리지 않는 능력 | 기억력

기억력이 좋으면 학습 효과가 높아지고, 자연스럽게 암기력도 뛰어나다. 기억력이 좋은 아이라면 머리만 믿고 단순하게 암기 위주의 공부만 하는 것보다는 집중력, 실행력, 학습 동기가 동시에 높아질 수 있도록 할 때 학습활동력이 우수한 학생이 될 수 있다.

학습에 집중할 수 있는 힘 | 집중력

공부를 잘하는 아이들은 집중력이 높고, 집중력이 우수한 아이는 자신이 하고자 하는 일에 대한 성취감도 높다. 반면 집중력이 낮은 아이는 외부 환경에 쉽게 좌우되는 경향이 있다. 다른 학습활동력에 비해 집중력이 낮다면 아이의 관심사가 다를 수도 있다는 점을 생각해 아이가 원하고 잘할 수 있는 것을 찾아내야 한다.

자신이 생각한 일을 실제로 계획하여 행하는 능력 | 실행력

실행력이 우수한 아이는 목표의식이 뚜렷하고 체계적인 학습을 선호한다. 실행력이 낮은 아이는 혼자 계획하고 실천하는 것을 힘들어한다. 실행력을 높여주기 위해서는 아이의 현재 상태를 점검하여 구체적인 학습 목표와 계획을 세우는 방법을 지도해야 한다.

학습을 하는 뚜렷한 목표의식과 이유, 방향 | 학습 동기

학습 동기가 우수한 아이는 미래에 대한 꿈과 목표가 있다. 반면 그렇지 못한 아이는 구체적인 목표와 비전이 없다. 학습 동기가 부족한 아이들은 반드시 자신의 목표를 찾도록 도와주어야 한다. 공부를 하는 이유와 비전을 찾지 못한다면 다른 학습활동력도 함께 떨어질 수 있기 때문이다. 다시 말해, 주의가 산만하고 집중력이 떨어지는 데다 공부에 관심을 갖지 않으며 실행력도 부족해진다. 학습 동기는 안정적인 학습습관을 위해서도 꼭 필요한 부분인 만큼 부모의 각별한 관심이 필요하다.

학습활동 유형에 따른 학습지도 유형

학습 능력과 학습활동을 중심축으로 하는 네 가지 학습활동 유형을 소개한다. 인지적 기능과 활동적 기능이 서로 섞여서 아이들에게 어떤 특징이 나타나는지 알 수 있다. 이를 통해 아이를 어떤 방향으로 지도해야 하는지, 내 아이가 어떤 학교에 진학하면 좋은지에 대한 진로 계획이 나올 수 있다.

학습 능력 저조〈학습활동 우수 | 격려형

학습 능력은 좋지 않은데 성실한 아이들이다. 개인의 인지 능력을 활용할 줄 알고 학습습관도 우수하지만 학습 능력은 다소 떨어진다. 이 아이들은 자아존중감이 다소 떨어지는 경향을 보이는데, '나는 머리가 나쁜가봐.' 하며 자신을 탓하기도 한다.

이런 유형의 아이에게는 먼저 자신감을 심어주어야 한다. 무언가 성취하는 경험을 하게 해주는 것도 좋다. 공부를 열심히 하려고 하는데 능력이 부족한 경우기 때문에 수리력과 어휘력 등 기초 능

학습지도 유형

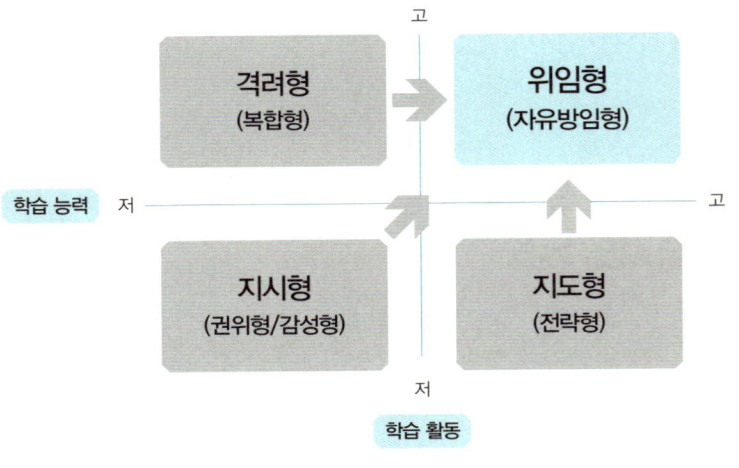

력을 키워주는 체계적인 훈련이 필요하다.

 이런 아이들에게 부모의 지나친 간섭과 기대는 부담감으로 다가올 수 있다. 성실하게 스스로 노력하려는 아이들에게는 그 노력이 성취로 이어질 수 있도록 꾸준히 격려해주는 것이 좋다.

 이 유형의 아이들은 아무리 공부를 잘해도 특목고보다는 일반고로 유도해야 한다. 특목고에 가서 우수한 아이들과 경쟁하다 보면 자기비하를 하게 되고 자괴감에 빠질 수도 있기 때문이다. 대외적 시험에 약하기 때문에 내신을 잘 관리한 후 수시를 공략하는 게 유리하다.

학습 능력 우수 〉학습활동 저조 | **지도형**

머리는 좋은데 성실성이 떨어져 공부를 안 하는 아이들이다. 자존감이 높고 자기 가치를 중요하게 생각한다. 흔히 우스갯소리로 하는 '근거 없는 자신감'을 갖고 있는 아이들이다. 이런 아이들은 먼저 자기효능감이 높아져야 하고, 자신의 가치 외에 자신이 가진 능력에 대한 판단 능력도 높아져야 한다.

이 유형의 아이들은 높은 인지 능력을 잘 활용해 학습활동력을 키울 수 있는 방법으로 지도하면 효과적이다. 우선 공부에 대한 틀을 만들어줘야 하고, 특히 어휘력을 키워줘야 한다. 또한 학습활동이 저조하므로 기억력, 실행력, 집중력, 학습 동기 중 어떤 것이 부족한지 먼저 파악하고 학습 실행력을 강화하기 위한 대안을 마련해야 한다. 우수한 인지 능력에 대한 자신감을 인정해주고 격려하면서 지도해야 한다. 또 고등학교에 가면 모의고사나 수능 성적은 잘 나오는데, 내신관리를 잘 못하는 경우가 많다. 즉, 성실하게 준비하고 꾸준히 쌓아야 하는 내신에는 약하지만 모의고사에는 강한 것이다. 이 경우는 정시를 목표로 준비하는 편이 좋을 수도 있다.

한편 이 유형의 아이들은 자신감이 높기 때문에 학습활동력만 잘 갖춰지면 자사고가 더 유리할 수도 있다. 단, 특정 분야에서 두각을 보이는 아이들이 진학하는 과학고와 영재고는 아이의 성향과 능력을 좀 더 면밀하게 고려해야 한다.

학습 능력 저조 = 학습활동 저조 | 지시형

학습 능력이 낮은 데다 공부하는 습관도 전혀 잡혀 있지 않아 가장 문제가 되는 유형이다. 아무리 학원을 다녀도 좀처럼 성적이 오르지 않는다. 그러나 꾸준히 지도하고 관리하면 좋아질 수 있다. 개인의 인지 능력을 발휘할 만한 습관과 방법을 갖추지 못한 유형이므로 무엇보다 자신감부터 고쳐시켜줘야 한다. 서두르지 말고 차근차근 학습 능력과 학습활동을 지도하자.

먼저 수리력에 초점을 맞추고 체계적으로 개념을 정리하도록 이끌어야 한다. 예습이 특히 중요하고, 학습의 기초인 읽기 능력에도 신경 써야 한다. 무엇보다 그동안의 학습습관을 과감히 변화시키는 행동수정이 절실히 필요한 유형이다. 동기부여와 내면의 의식변화도 필요하다. 지시형을 위임형으로 변화시키려면 적지 않은 시간이 걸린다.

이 유형의 아이들은 아이의 관심과 적성을 고려한 특성화고를 선택하는 것도 나쁘지 않다. 요즘은 다양한 특성화고가 있기 때문에 멀리 보면 아이에게 더욱 유리한 선택일 수 있다. 자신이 좋아하고 잘하는 것을 찾고 나면 향후 대학입시에서도 자신의 목표와 맞는 길을 찾을 수 있다.

학습 능력 우수 = 학습활동 우수 | 위임형

학습 능력도 높고 학습활동도 좋기 때문에 자기주도학습으로 유도할 수 있는 가장 이상적인 유형이다. 이런 유형의 아이들이 자사고나 특목고를 목표로 하는데, 우선 변화하는 입시제도에 대해 정확히 알고 준비해야 한다. 최근 특목고나 자사고 입시제도가 자기주도학습 전형으로 바뀌었다. 그래서 내신을 보다 철저하게 관리해야 한다. 학교별로 다양한 커리큘럼을 조정할 수 있기 때문에 이에 대한 정보도 미리 체크해야 할 것이다.

무엇보다 이 유형의 아이들은 정확한 진로 탐색을 통해 목표를 빨리 잡아줘야 한다. 본인에게 맞는 구체적인 진로가 향후 대학입시와도 연관되기 때문에 빨리 결정할수록 좋다.

부모는 내 아이가 어떤 유형인지를 먼저 살펴보고, 그에 따른 학습지도 방법을 선택해야 한다. 아이의 학습 능력과 학습활동력을 제대로 파악할 수 있는 사람은 아이와 가장 가까이 있는 부모다. 내 아이에게 부족한 능력이 무엇인지 알아낸다면 공부 잘하는 아이를 만들 수 있다.

특목고, 자사고, 일반고…
어느 고등학교에 가야 하나?

아이의 입시를 준비하는 부모들에게 공통적으로 드는 생각은 우리나라 입시제도는 자주 바뀌기 때문에 힘들다는 점이다. 하지만 아무리 입시제도가 변하더라도 고입과 대입을 준비할 때 기본적으로 가져가야 하는 것들이 있다. 어렵다 느낄 수 있지만 학부모들이 중심을 잡고 계획을 세우면 충분히 헤쳐 나갈 수 있다. 특히 초등학교 고학년에서 시작해서, 늦어도 중학교 때는 무조건 입시에 대한 기준이 서야 한다. 즉, 내 아이가 어느 학교를 가야 하는지에 대한 명확한 계획이 세워져야 그에 맞는 준비를 할 수 있다. 학교마다 중요하게 생각하는 전형 요소가 다르기 때문이다.

먼저 고등학교를 살펴보자. 무엇이 결정되어야 할까? 내 아이를 외고에 보낼지, 과학고에 보낼지, 자사고에 보낼지, 아니면 일반고에 보낼지에 따라 준비가 달라진다. 그리고 진학하려는 학교에 대한 정보를 확실히 알고 있어야 한다. 예를 들어 자사고는 내신관리가 매우 중요하므로 전과목 올 A를 목표로 하고, 외고나 국제고는 영어뿐만 아니라 국어와 사회도 잘해야 한다. 과학고와 영재고는 기숙사 생활을 하기 때문에 내신을 통해 학습적 성실성을 본다. 하지만 내신이 절대평가인 지금 상태에서는 강한 멘탈을 요구하는 면접이 가장 중요하다. 면접에서 당락이 결정되는 것이다. 면접은 학습적인 측면 이외에 인성, 독서, 자기주도학습을 모두 본다.

면접을 잘 보기 위해서는 무엇이 필요할까? 바로 자기만의 스토리와 공부 방식이 있어야 한다. 거기에 인성과 독서활동, 봉사활동 등이 충분히 이루어진 학생들이 유리하다. 중요한 것은 입시를 마치 준비한 것처럼 기계적인 아이들은 뽑히기 어렵다. 면접관들도 아이들을 보면 안다. 어딘지 어설프거나 투박해도 자기만의 색깔을 가진 아이들을 선호한다. 외고, 과학고, 영재고, 자사고 외에도 아이의 특성과 진로에 따라 특성화고를 고민할 수도 있고, 교육 역량이 한층 강화된 일반고를 목표로 삼아도 된다.

요즘 떠오르고 있는 학교 중에는 세종과학예술영재학교와 인천과학예술영재학교도 있다. 과학영재고등학교에 예술이 더해져 인문학이나 철학도 배우게 되는데, 이처럼 앞으로의 교육은 융합, 스팀 교육으로 가고 있다. 그리고 그 안에서 아이가 가진 다양한 스토리를 보는 시대다.

요즘 중학교에서는 자유학기제에서 자유학년제로 바뀌고 있다. 한 학기 또는 한 학년 동안 시험을 안 보고 진로활동이나 독서, 체험, 봉사활동을 하는 것이다. 보통 1학년 때 하게 된다. 그만큼 진로에 대한 중요성이 더 커졌다는 것을 의미한다.

이제는 대학을 잘 보내기 위한 방편으로 특목고 입시를 준비하는 시대는 지났다. 아이의 성향과 성격유형, 진로 등 여러 가지 복잡하고 복합적인 문제들이 연관되어 있기 때문에 이러한 것들이 기본적으로 바탕에 깔린 상태에서 특목고나 일반고 등 상급학교의 방향을 제시해주어야 향후 학습 중심이 흔들리지 않는다. 아이가 원하는 직업에 대해 함께 의논하면서 뚜렷한 방향성을 갖고 진로를 선택해야 한다. 아이가 왜 공부를 해야 하고, 왜 목표를 설정해야 하는지를 이해할 수 있도록, 그래서 공부에 지치지 않고 자기 목표를 향해 매진할 수 있도록 도와줘야 한다. 중학교 때 세워진 정확한 진로 계획이 성공적인 대학입시의 답이 될 수 있을 것이다.

적어놓은 분명한 목표를 가진 사람은
그렇지 않은 사람들이 상상할 수 없을 만큼
빠른 시간에 많은 것을 성취할 수 있다.

− 브라이언 트레이시Brian Tracy

내 아이에게 맞는 학원은 어디일까?

구체적인 학습 전략을 짜기 위해서는 학교 외에 아이들과 가장 밀접한 관련이 있는 학원 선택에도 신중을 기해야 한다. 많은 시간과 비용을 투자해 보내는 학원인데 과연 내 아이에게 잘 맞는 학원인지, 아이의 공부 상태는 어떤지, 학습 효과는 얼마나 있는지 꼼꼼하게 살펴볼 필요가 있다.

학원은 단순한 문제풀이 위주보다는 아이를 관리해주는 학원, 스스로 공부할 수 있도록 선행보다는 개념을 잘 잡아주는 학원, 3년 이상의 커리큘럼을 가지고 있는 학원을 선택하는 것이 좋다.

대부분의 엄마들은 일단 아이를 학원에 보내놓아야 안심을 하는 경향이 있다. 물론 학원이 알아서 해주는 부분도 어느 정도는 있다. 하지만 모든 공부는 아이 스스로 극복해나가는 과정이고 학원은 단지 도움을 주는 곳일 뿐이다. 학원이 전부라고 맹신해서는 곤란하며, 아이가 필요한 부분을 채워줄 수 있는 조력자라고 생각해야 한다. 유명하기 때문에, 잘 가르치기 때문에, 선행학습을 시키기 위해서 아이의 성향을 무시한 채 학원을 선택하면 결국 실패하게 된다. 지금 아이에게 필요한 것이 무엇인지 파악하는 것이 우선이다.

요즘 아이들의 학습에서 가장 큰 문제점은 읽기 능력이다. 보통 중학생이라면 비문학의 경우 1분에 800~1,000자 정도를 읽고 이해할 수 있어야 하는데 그렇지 못한 경우가 많다. 이로 인해 이해력과 집중력도 같이 떨어진다. 읽기 능력이 부족하면 독서나 논술 지도가 필요하고, 집중력이 부족하면 학습 환경을 개선하고 특정한 경우 뇌 훈련이 필요하며, 학습법에 문제가 있으면 코칭 학습 등 그에 맞는 전문적인 학원들을 알아봐야 한다. 요즘은 자기주도 학습의 중요성이 대두되면서 아이들의 학습 방법에 대해 연구하고 이를 변화시켜주는 학원에 대한 관심이 높아지고 있다. 최근에는 관리형 학원과 원스톱 학원이 주목받고 있다. 부모는 카페에서 정보를 공유하고, 아이는 강의실에서 티칭을 받고, 혼공할 수 있는 독서실 공간까지 한 건물 안에서 원스톱으로 모든 것이 이루어진다.

과목별 학원도 내 아이의 기본 실력을 철저히 파악한 후, 만약 기초가 없는 중학생이라면 보습 학원을 통해 개념부터 잡아줘야 한다. 아이의 성향에 따라 강하게 이끌어주는 학원이 맞는 아이가 있고, 우수한 아이들이 모인 학원에서 경쟁하는 것이 도움이 되는 아이가 있다. 또 일대일 또는 소수 정예로 개인별, 맞춤별 학습을 진행하는 학원이 필요한 아이도 있다.

요즘은 학원마다 전문적으로 강점이 있는 부분을 부각시키는 경우가 많다. 이러한 경향은 다양한 정보 속에서 학부모들이 학원을 선택할 때 도움이 될 수 있다. 과학고나 영재고, 외고를 가려고 할 경우 각각의 특성에 맞는 강점이 있는 전문 학원을 찾아야 한다. 영어 학원의 경우도 문법 기초가 부족한지, 내신을 관리하고 싶은지, 자격인증을 받고 싶은지, 듣기평가와 외국인 회화를 잘하고 싶은지 등 필요에 따라 학원을 선택해야 한다. 그러므로 각 학원별 강점에 대해 미리 확인해보는 것이 좋다.

이제 학원도 자기 고유의 브랜드를 가지고, 새로운 교육트렌드에 맞춰 변화해야 한다. 단지 가르치기만 하는 것이 아닌 티칭과 매니징Managing이 결합된 원스톱 서비스 맞춤 학원으로 탈바꿈해야 한다. 우선 학원 스스로가 입시와 학습 위주라는 인식에서 벗어나야 하고, 부모도 맞춤 학원을 선택할 수 있는 선구안을 가져야 할 것이다.

Chapter 4

혼공 전략 3단계: 목표가 정해져야 공부가 쉬워진다

- 진로 탐색, 빨리 목표를 정하라
- 학생종합부 시대, 스토리가 필요하다
- 내 아이에게 잘 맞는 진로 유형 찾기
- '학습 능력, 성격, 진로흥미'의 상관관계를 알아야 한다
- 유형별 학습법과 진로 전략
- 유능감과 흥미를 구별하라

진로 탐색,
빨리 목표를 정하라

　　진로 선택은 중학교 때부터 시작해야 한다. 이 시기에 아이들이 자기 능력과 적성에 눈을 뜨면서 어느 정도 자기 가치관이 형성되기 때문이다. 중학교 때 본격적으로 진로를 탐구하고 검사를 받은 후 그에 따른 목표를 설정하고 목표에 맞춘 공부를 진행해야 한다. 창의적 체험활동에서 가장 중요한 영역도 진로 탐색이다.

　　학교에서도 진로 설정의 중요성을 인식하고 진로 검사 및 다양한 진로 체험을 시행하지만, 부모들의 만족도는 그리 높지 않다. 진로 검사에 의한 프로파일만 던져주고 구체적인 설명이나 방향 제시가 없기 때문이다. 진로 검사는 그 어떤 검사보다도 복잡하기 때문에 결과에 대해 충분한 상담이 이뤄져야 한다. 또한 앞으로의 방향까지 정할 수 있어야 한다.

　　진로를 결정할 때 가장 중요한 것은 아이의 재능과 적성이다. 부모와 아이 모두 파악하기 어려워하는 부분이기 때문에 진로 탐색이 필요하다. 진로 탐색에서 살펴봐야 할 것은 아이의 흥미, 성격과 기질, 뇌 성향, 학습 능력이다. 아이의 잠재력을 정확히 진단하고 성격이나 부모의 희망, 집안 환경까지 여러 가지를 복합적으로 고려해 신중하게 진로를 결정해야 한다. 또 부모 혹은 아이 혼자 결정할 수 있는 부분이 아니기 때문에 객관적인 검사나 탐색 과정을 거치는 것도 좋다. 무엇보다 아이의 재능과 원하는 목표를 함께 고민한 후 최종적으로 결정을 내리는 것이 바람직하다.

멘토솔루션의 자기주도학습 5단계는 뇌, 정서·심리, 학습역량, 학습습관, 진로·적성으로 이루어지는데, 이는 심리학자 매슬로 Abraham H. Maslow의 인간 욕구 5단계와 비슷한 형태를 띤다. 특히 가장 위에 위치한 진로·적성이 매슬로가 얘기했던 자아실현과 똑같은 의미다. 결국 진로는 자기주도학습의 최상위 단계이기 때문에 진로가 나와야 공부에 대한 방향이 명확하게 세워진다. 진로는 곧 내 아이의 꿈을 키울 수 있는 목표를 찾는 과정이기도 하다.

자기주도학습 5단계

자기주도학습

진로·적성 탐색	• 진로 탐색/창의적 체험 활동 • 비교과 관리/진학 지도
학습습관·행동수정	• 나 자신을 내가 관리(행동수정) • 시간&목표 관리/동기부여/학습법
학습 역량 강화	• 학습능력: 어휘-수리-추리-공간지각력 • 학습활동: 기억-실행-집중-학습동기
정서 심리 강화	• 부모&자녀 커뮤니케이션 • 자기효능감/인성/리더십
뇌기능 활성화	• 두뇌효율성/스트레스/집중력 • 산만도/좌우뇌 균형/자기조절

나는 어떤 사람이 될 것인가? 나는 무엇을 하며 살 것인가? 진로란 이러한 원대한 목표를 향해 가는 방향과 과정을 의미한다. 그래서 목표를 빨리 설정하고 가는 것은 현실적으로도 매우 유리하다.

앞으로의 입시는 학생부 종합 전형이 대세라고 했다. 즉 '스토리'가 있고 그 스토리를 제대로 만들어가는 사람이 모든 면에서 유리하다. 그렇다면 당연히 먼저 진로를 결정한 학생들이 훨씬 더 빨리 자신의 스토리를 써나갈 수 있지 않겠는가? 스토리는 과정이기 때문에 중고등학교 때 봉사활동, 동아리활동, 독서활동, 자율활동 등에서 자신의 진로와 잘 맞는 활동을 우선적으로 선택할 것이다. 앞으로 학교에는 '자유학년제'가 필수인데, 한 학년 동안 학생들이 꿈과 끼를 찾을 수 있도록 수업을 학생 참여형으로 개선하고 다양한 체험활동을 할 수 있도록 하는 제도다. 즉, 학생들이 진로를 빨리 찾아서 본인이 원하는 공부를 할 수 있도록 도와주는 것이다. 이 제도가 보다 효율적으로 이루어지기 위해서는 목표와 방향이 빨리 나와야 한다.

누구에게나 꿈은 있다. 그리고 그 꿈은 소중하다. 아이가 진정으로 좋아하고 잘할 수 있는 것을 만날 수 있도록 도와주는 게 부모의 역할이다. 진로는 직업을 선택하는 작업이라기보다는 꿈을 찾아가는 과정이다. 공부하는 아이들에게는 진로나 목표가 정해지면 그것 자체가 공부를 하는 이유가 될 수 있고, 공부 의욕이 생기게 되며, 공부 변화를 일으킬 수 있는 원동력이 된다.

낯설고 거친 길 한가운데서
길을 잃어버려도 물어가면 그만이다.
물을 이가 없다면 헤매면 그만이다.
중요한 것은 자신의 목적지를
절대 잊지 않는 것이다.

― 한비야

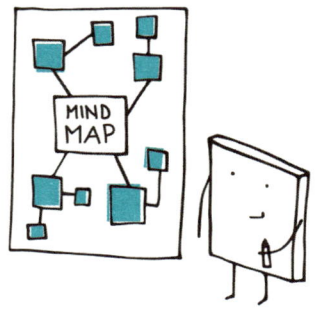

학생종합부 시대, 스토리가 필요하다

우리가 수없이 이야기하는 '공부는 과정이다', '교과서는 중요하다', '예습 복습이 중요하다'라고 하는 것이 이제 더 이상 빈말이 아니다. 이제는 학원보다 학교의 역할이 중요한 학생부종합전형 시대다. 학습 태도가 좋고, 학교 과정을 성실하게 수행하며, 선생님과의 관계가 좋은, 인성이 풍부한 아이들이 대학입시에 유리할 수밖에 없다.

내신관리가 고민이 될 수도 있지만 미리부터 학습을 강요할 필요는 없다. 기본적으로 스스로 공부하는 습관만 가질 수 있으면 된다. 중학교 때는 독서를 많이 하면서 공부습관을 제대로 들이면 멘탈이 중요한 고등학교 생활을 잘 보낼 수 있다.

앞으로는 스토리의 시대다. 이제는 학교생활과 학습에 대한 전 과정, 다시 말해 아이만의 스토리가 중요하다. 대학입시에서 면접관들은 공부의 결과도 중요하지만 공부를 해왔던 과정에 대해 큰 관심을 가진다. 만약 공부에 대한 자신만의 노하우를 물어볼 때 경험적으로 쌓여 있지 않은 아이들은 절대 대답을 하지 못한다. 꾸며대는 대답은 전문가들 앞에서 금세 탄로가 날 것이다.

실제로 수능 점수가 좋아도 입시에서 떨어지는 경우가 종종 있다. 왜 그럴까?

예를 들어, 아무리 성적이 좋아도 교대나 의대에서는 기본적으로 보는 인성과 소양이 있다. 일종의 사회적으로 필요한 능력이다. '좋은 머리만큼 따뜻한 심장도 가졌는지'를 보는 것이다. 의대와 수의학과의 경우 다면 인적성 면접MMI: Multiple Mini Interview을 도입했는데 기본적인 인성과 적성을 검증하는 것으로, 이를 통해 얼마 전에 수능 자연계 유일 만점자가 면접에서 불합격되는 사례도 발생했다. 현대 의술이 갈수록 팀플레이로 가기 때문에 의사에게도 환자는 물론 팀원들과의 소통이 요구되는 시대라는 것을 중요하게 생각한 것이다. 혹자는 아예 의대를 인문이나 철학을 공부한 문과에서 뽑아야 한다고 주장하는 학자도 있다. 실제로 요즘 대학에서는 공대 면접을 볼 때 교육학이나 인문학 교수가 참가하는 경우도 많다. 사범대도 마찬가지다. 뛰어난 성적의 전교 1등이라도 교사로서 갖춰야 할 책임감과 봉사정신이 부족하다면 가차없이 떨어진다. 대학은 진짜 선생님이 되어야 할 학생들을 선별하기 위해 치밀하게 면접을 실시한다. 그러다 보니 의외로 성적이 좋아도 떨어지는 아이들이 생긴다. 그렇다면 그런 아이를 면접에서 어떻게 판단하겠는가? 여기에서 아이가 가진 스토리의 중요성이 나온다. 아이가 만약 선생님이 되고 싶다고 한다면 아이의 의지는 물론 평소 학습습관이나 동아리활동, 봉사활동 등에서 직접 아이들을 가르치면서 느낀 것들이 구체적으로 나와줘야 한다. 중학교 때부터 그런 습관이나 태도를 보여준다면 자신만이 가진 강력한 스토리가 쌓이는 것이다.

스토리 없는 공부, 스토리 없는 스펙은 진정한 의미의 공부가 아니다. 그리고 이것은 비단 대학입시만을 위해서가 아니다. 스토리는 내 아이가 진짜 인생을 살 수 있는 소중한 과정이고 계획이다. 아이가 어떤 삶을 사는가의 문제는 부모가 아이에게 어떤 스토리를 만들어주는가에 달려 있다. 성적보다는 인성 교육이 중요하고 인성 교육이 잘 되면 자연히 공부 변화가 일어난다. 그렇기 때문에 학력이라는 사고에서 정체되어 있는 학부모들이 마인드를 바꿀 필요가 있다.

아이의 스토리를 만드는 과정에서 또 하나 중요한 것은 개개인에 적합한 맞춤 솔루션을 제공해주어야 한다는 것이다. 우리 아이가 살아갈 미래는 점점 복잡하고 다변화되는 시대다. 그래서 개인이 가진 역량이 중요하며, 나만의 개성이 뚜렷한 사람들이 두각을 나타낼 것이다.

내 아이에게 잘 맞는 진로 유형 찾기

진로를 설정할 때는 자신의 적성과 성격, 환경 등 여러 가지 요소를 고려해야 한다. 이런 요소들을 종합해서 검사를 진행하면 다음의 여섯 가지 진로 유형이 나온다. 이들 여섯 가지 유형은 서로 상관관계를 갖고 있기 때문에 면밀한 분석 결과를 토대로 적합한 학과와 직업군을 예측해야 한다.

　학부모들은 내 아이가 어떤 유형이 나왔는가에 관심을 가지기보다는 '왜 그 유형이 나왔는지'를 먼저 파악하는 것이 중요하다. 그래야만 아이에게 맞는 학습 전략을 세울 수 있다.

I 탐구형 | 분석적 활동 / Investigative / Analyst

　지적 호기심이 많고 수학과 과학을 잘하는 이과 타입이다. 좌뇌 성향이며 논리적이고, 수렴적 사고를 한다. 정확하고 분석적이며 학구적이다. 공부를 잘하고 수업에 집중하는 아이들이 주로 탐구형이다. 전문직 성향이 많다.

A 예술형 | 창작활동 / Artistic / Creator

　틀에 얽매이는 것을 싫어하며 창의적인 사람이다. 미술, 음악, 춤, 글쓰기 등 창조적인 작업에 매력을 느낀다. 자신을 독립된 인격체로 생각하고 남을 따라하거나 반복적인 일을 싫어한다. 우뇌가 발달했고, 직관과 감성에 따라 움직인다. 자유로운 영혼으로 충동적이고 복잡하지만 정서와 감수성이 풍부하다. 수리력과 어휘력에 비해 창의력과 공간지각력이 높은 아이들이다. 만약 공간지각력이 낮은데 예술형이 나왔다면 사춘기거나 일시적인 상황이기 때문에 이를 직업으로 발달시키기에는 많은 위험부담이 따르므로 취미로 해야 한다. 예술가 타입이다.

S 사회형 | 봉사활동 / Social / Helper

다른 사람과 더불어 일하는 것을 좋아한다. 눈치가 빠르고 남을 배려하는 데서 즐거움을 찾는다. 자신에게 이익이 돌아오지 않더라도 다른 사람을 가르치고 돕는 것을 좋아한다. 기본적으로 책임감이 강하며 자신이 하는 일에 긍지를 느낀다. 이해심이 많고 윤리적이며 타인을 위해 살아가는 것에 의미를 두는 형이다. 긍정적이며 인간관계를 중요하게 생각한다. 학교 선생님 타입이다.

E 진취형 | 사업활동 / Enterprising / Persuader

앞에서 리드하면서 끌고 가고 통제하고 간섭하는 것을 좋아하는 전형적인 리더 타입이다. 자신감이 넘치고 독단적이며 사교적이고 열정적이다. 사람과의 관계에 중점을 두는 스타일이며, 어휘력이 좋고 다재다능하고 인기가 많다. 특히 자신의 목표를 향한 야망에 불타는 스타일이다. 목표를 위해서라면 힘든 경쟁도 불사하며 사회적 성공을 삶의 가치로 여기는 사람들이다. 리더십이 뛰어난 CEO 타입이다.

C 사무형 | 관리활동 / Conventional / Organizer

반복적인 일을 좋아하고 자료나 문서 등을 꼼꼼히 정리할 줄 안다. 조직이 잘 짜여진 곳에서 능력을 발휘하며, 계획적이며 구조적이다. 체계적인 관리 업무에 익숙하다. 성격은 성실하고 실용적이며, 모범적이고 완벽을 추구한다. 매사에 조심성이 있으며, 보수적이라고 표현할 수 있다. 성실하고 학습 동기나 행동 억제를 잘하며 아이의 경우 학교에 대한 만족도가 높다. 공무원 타입이다.

R 현장형 | 신체활동 / Realistic / Doer

현장에서 몸을 움직이는 신체적 활동을 좋아하는 행동형이다. 도구나 기계를 잘 다루고, 몸을 부대껴 모험하는 것을 겁내지 않는다. 묵묵히 자신의 일만 하는 스타일로 변화를 원치 않으며, 가치관이 보수적이다. 성격은 다소 산만하고, 아이들의 경우 학교에 대한 만족도가 떨어지는 유형이다. 직업군으로는 운동선수, 직업군인, 경찰관 등이 적합하다.

'학습 능력, 성격, 진로흥미'의 상관관계를 알아야 한다

진로에 대한 전략을 제대로 짜기 위해서는 아이의 학습 능력, 성격, 진로흥미 등의 상관관계를 면밀하게 살펴보아야 한다. 여기에 부모의 양육태도까지 더한 총체적인 부분을 파악해야 아이의 진로를 정확하게 찾아낼 수 있다.

진로 탐색 결과를 보면 대조적인 유형들이 있는데, 탐구형과 진취형, 사무형과 예술형, 현장형과 사회형은 각각 반대의 개념으로 대립된다.

재미있는 것은 부모의 성격이 자녀보다 강한지 약한지에 따라 진로 탐색의 결과에 큰 차이가 있다는 점이다. 부모가 강하면 강할수록, 손이 많이 가는 우뇌 성향의 아이들은 수동적이 되기 쉽다. 일단 이런 아이들은 부모 입장에서는 양육하기 쉬울지 몰라도 아이들의 입장에서는 자신의 의견이 무시된다고 느낄 수 있으므로 부정적인 인식이 생길 수도 있다. 반면에 좌뇌 성향의 아이들은 부모가 강할수록 오히려 긍정적인 영향을 받는다. 원래 좌뇌형의 아이들이 외골수 타입인 경우가 많고 본인이 좋아하는 것만 하려는 경향이 있는데, 부모가 아이의 그러한 성향을 파악하여 능력이 골고루 계발되도록 지도한다면 다양한 분야에서 실력을 발휘할 수 있다.

진로흥미 주요 키워드

현장형 R	탐구형 I	예술형 A	사회형 S	진취형 E	사무형 C
산만함	좌뇌	우뇌	인간성	능동적	수동적
신체활동	수리력	공간지각력	직관	독불장군	규범/모범
행동형	순차적/수렴적 사고	확산적 사고	배려	고집 센	완벽주의
학교 만족도↓	수학/과학	직관/감성	눈치 발달	자신감	자존심 센
	논리적	창의력	이상형	다재다능	성실성
	전문직			어휘력	학습 동기
				실행력	행동 억제

강압적인 부모 밑에서 자라는 아이의 진로 탐색 결과를 보면 반드시 사무형이 나온다. 사무형은 성실하기는 하지만 학습 능력 중 공간지각력이 떨어지는 경우가 많다. 뇌에서 스트레스를 많이 받는 편이고, 학습활동에서는 실행력이 떨어진다. 규범을 중시하고 모범적이며 시키는 것만 하는 경향이 있다. 자존심이 강하고 에너지는 있지만 방향성이 없다.

우리나라는 사무형이 높은 아이들이 공부를 잘한다. 하지만 이런 아이들이 특목고에 갔을 때는 시험과 학교생활에서 스트레스를 받을 수 있기 때문에 차라리 일반고가 유리할 수 있다. 부모가 강하게 교육하다 보니 수동적이고 거기다 공간지각력까지 떨어져서 확산적 사고인 창의력이 부족하기 때문이다.

진취형 지수가 높은 아이는 부모보다 강한 경우가 많다. 일반적으로 공간지각력이 높고 다방면에 자신감이 충만하다. 하지만 소위 '뻥'을 잘 치기도 하기 때문에 부모들은 진취형의 아이에게 끌려가선 안 된다. 고집이 센 진취형 아이에게 부모가 끌려가면 본인이 좋아하는 것만 하게 되고 결국 한쪽으로 치우치게 된다. 스스로 알아서 잘하는 스타일이지만 무작정 방치하기보다는 자율성을 기르도록 해야 한다.

만약 진취형 지수가 높게 나왔는데 사무형 지수가 낮다면 근거 없는 자신감만 가득하고 성실성이 떨어지는 경우고, 진취형 지수가 높고 사회형 지수가 낮다면 독선적이고 남을 배려하지 않는 독불장군형이다. 반대로 진취형 지수가 낮고 사무형 지수만 높으면 수동적이고 자신감이 떨어질 수 있다.

　진취형 지수가 낮게 나왔다면 절대 특목고와 맞지 않는다는 점을 명심하자. 공부를 아무리 잘해도 일반고에 보내는 것이 아이에게 잘 맞는다. 이런 아이들은 특목고의 우수한 아이들과의 경쟁에서 결코 이겨내지 못한다. 진취형 지수가 낮은 경우는 자기비하와 자괴감에 빠지기 쉽고, 성과를 내지 못하면 본인의 능력을 탓하게 된다. 특목고에 진학할 아이들은 무조건 진취형 지수가 높게 나와야 한다. 하지만 진취형은 너무 높은데 사무형과 탐구형이 동반되지 않는 아이라면 특목고도 한낱 꿈에 지나지 않는다. 자기 자신을 객관적으로 바라보지 못하고 자신감만 충만하기 때문이다.

　탐구형 지수가 높은 아이들이 주로 공부를 잘하는데 탐구형과 사무형이 함께 높다면 매우 성실한 타입으로 자사고 스타일이다. 하지만 탐구형과 진취형이 동시에 높게 나오는 경우는 매우 드물다. 탐구형 지수가 높은 아이들이 좌뇌가 발달되어 있고 논리적으로 사고하며 객관적이고 공부를 잘해도 겸손하다면, 진취형이 높은 아이들은 조금만 잘해도 자신감이 충만하고 기고만장하다. 한마디로 탐구형과 진취형은 스타일이 많이 다르다. 그런데도 두 가지가 모두 높게 나온 아이라면 공부를 잘하고 성취욕구와 도전의식이 높다. 이 경우 스스로 계획하고 공부하는 영재고나 과학고, 자사고가 잘 맞는다.

　보통 예술형 지수가 높게 나왔다면 사무형 지수는 떨어진다. 반대로 강한 부모 밑에서 사무형이 높아진 아이의 경우는 틀에 얽매이는 것을 싫어하는 예술형 지수가 떨어지게 된다. 만약 두 가지 모두 높게 나왔다면 사춘기 성향으로 부모와 충돌하게 될 가능성이 많다. 이 두 가지 성향도 대립되는 부분이기 때문에 둘 다 높게 나오는 경우는 그리 많지 않다.

    부모들은 아이의 진로 탐색에서 의사가 나왔는지, 변호사가 나왔는지, 교사가 나왔는지를 중요하게 볼 것이 아니라 그러한 직업이 나오게 된 근거인 아이의 성향을 세심하게 관찰해야 한다. 그리고 어떤 성향을 고쳐시켜줘야 하고 다소 떨어지는 성향을 어떻게 끌어올릴지 검토해야 한다. 그래야만 지금 아이에게 필요한 효과적인 학습 방법을 고민할 수 있게 된다.
    부모의 바람대로 특목고에 진학한 아이가 진취형 지수와 사회형 지수가 낮아 학교에 적응하지 못할 수도 있고, 예술형 지수가 낮은 아이가 음대나 미대로 진학하는가 하면, 문과 성향인데 이과 쪽으로 대학을 선택하는 경우도 있다. 이는 아이가 가진 본래의 성향을 제대로 파악하지 못했기 때문인데, 학교 성적에 대한 성취감은 물론이고 나아가서는 직업에 대한 만족도도 떨어질 수밖에 없다. 진로 탐색은 단순하게 직업을 결정한다는 개념보다 인생을 어떻게 살아갈 것인가 하는 삶의 철학에 대한 고민이므로, 신중하고 또 전문적으로 접근해야 한다.

유형별 학습법과 진로 전략

지금까지 살펴본 학습 패턴과 능력, 성격 등 다양한 정보를 통해 내 아이를 객관적으로 이해했다면, 이제는 아이가 스스로 혼공할 수 있도록 내 아이에게 맞는 학습 전략을 세워야 한다. 여기서 소개하는 다섯 가지 유형은 과학적인 조사와 검증을 통해 멘토솔루션에서 자체 분석 개발한 솔루션이다. 내 아이가 어떤 유형에 속하는지 살펴보고 그에 맞는 학습법과 진로 전략을 보다 구체적으로 구축하도록 하자.

머리는 좋은데 실행력, 진로 고민, 목표의식이 없는 | 지시권위형

학습 능력, 특히 수리력이 높다. 하지만 실행력, 학습 동기, 학습 습관, 진로 성숙도가 떨어진다. 진로에서는 I(탐구형)/R(현장형)이 높게 나타난다. 산만하지만 I가 높기 때문에 머리가 좋고 지적인 성향을 가지고 있다. 성격에서는 NF/SF가 나온다.

머리는 좋은데 습관이나 진로 성숙도가 떨어지고, 환경에 영향을 많이 받기 때문에 멘토나 부모 등 누군가가 앞에서 끌어줘야 한다. 또한 암기 과목을 싫어하고 혼자 공부하는 시간이 별로 없다. 특히 어휘력이 부족해 스스로 공부하는 자율성이 떨어진다.

아이가 머리는 좋은데 실행력, 진로 고민, 목표의식이 없다면 우선은 강하게 권위형으로 지도하는 것이 좋다. 학원도 아이를 강하게 이끌어줄 수 있는 곳을 찾아야 한다. 그래야 아이를 변화시킬 수 있다.

자기와 코드가 맞고 이해해주는 선생님이 필요한 | **지시감성형**

학습 능력, 실행력, 진로 성숙도가 낮다. 대충 공부하고 확산적 사고를 잘한다. 특히 수학 과목을 싫어해서 반복학습을 안 하고 한 번 보고 다 안다고 생각한다.

이런 유형은 공간지각력이 높고 감성적이기 때문에 어떤 선생님을 만나느냐에 따라 학습 성과도 다르다. 무조건 자기와 코드가 맞고 이해해주는 사람을 만나야 한다. 예술적 감성이 뛰어나고 마음에 맞는 사람을 만나면 성공할 확률이 높다. 진로는 A(예술성)/S(사회형)다. 틀에 얽매이는 것은 싫지만 남하고 어울리는 것을 좋아한다. 성격은 NF/SF 성향이다.

우리 아이가 학습 능력이 떨어지고 다방면에 관심이 많은데 다른 아이들이 다 간다고 무작정 유명한 학원에 보냈다가는 십중팔구 아이가 중간에 포기하게 된다. 감성형은 선생님이 아이의 마음을 읽어주고 공감해주는 학원에 보내야 하며, 그래야 선생님도 지도하기가 편하다. 학원보다는 개별 지도나 과외가 좋으나 아이 페이스에 끌려가지 않도록 신경 써야 한다. 또한 본인이 좋아하고 잘 맞는 환경에서 학습 능률이 오른다.

공부에 대한 의지는 있는데 학습 능력이 떨어지는 | 격려복합형
(권위형+감성형)

학습 능력과 학습습관이 보통 수준이고, 진로 성숙도는 어느 정도 발달해 있다. 수리력과 어휘력은 중간 정도인데 추리력과 공간지각력은 다소 떨어진다. 시간관리가 잘 안 되고, 공부할 때 음악을 듣거나 카톡을 주고받는 등 학습 환경이 떨어진다. 공부에 대한 의지가 있는데 학습 능력이 떨어진다는 것에 주목할 필요가 있다. 이런 아이들에게는 당근과 채찍을 같이 주어야 한다.

진로는 C(사무형)/S(사회형)로 성실하고 규범적이다. 성격은 NF/SF 성향이다. 아이가 내신은 평범하고 학습 능력은 보통인데 수학은 좀 잘하는 것 같다면 특목고보다는 일반고로 보내는 게 낫다. 이런 아이들은 성취감과 자신감이 중요하기 때문이다. 같은 NF/SF라도 뒤에 J(판단형)가 붙는 아이들은 생활 습관이 잘 되어 있는 아이들이다.

목표 의식을 심어주고 진로 방향성을 찾아줘야 할 | 지도전략형

학습 능력과 공간지각력은 높고, 실행력은 낮다. 누군가 전략을 짜줘야 잘 따라오는 유형이다. 호기심이 높고 공부는 잘하지만 어떻게 해야 하는지를 잘 모른다. 목표 의식을 빨리 심어주고 진로 방향성을 찾아주어야 한다. 본인에게 맞는 학원 선택도 중요하다.

진로는 I(탐구형)로 지적 호기심이 높으나 멘탈이 약해서 지시권위형과 비슷하다. 성격은 P(인식형)를 동반한 ST/NT 성향이다. 이런 유형의 아이들은 공간지각력이 높아서 반복하는 것을 싫어하고 내신관리에 취약점이 있으나, 장기적인 플랜을 가지고 강하게 이끌어줄 수 있다면 차라리 영재고나 과학고가 더 유리하다.

스스로 알아서 잘하는 | 위임자유방임형

5%의 아이들이다. 학습 능력, 학습습관, 진로 성숙도가 높고 탐구적이다. 진로는 I(탐구형)/E(진취형), 성격은 J(판단형) 동반한 NT와 ST 성향이다.

성취욕구가 굉장히 강한 것이 특징이다. 자유방임형 아이는 스스로 잘하는 유형이기 때문에 무엇보다 아이를 편하게 해주는 것이 중요하다. 원래 I 성향을 갖고 있으면 E 성향을 함께 보이기 힘든데, 두 가지가 모두 높게 나온다면 전형적인 특목고형이다. 이런 유형의 아이가 수리력과 공간지각력에서 두각을 나타내면 자사고와 영재고가 맞고, 어휘력이 좋다면 외고를 추천한다. E가 매우 높게 나온다면 의사, 교수, 컨설턴트 등 전문직을 목표로 삼을 수 있다.

유능감과 흥미를 구별하라

한 엄마가 상담 요청을 해왔다. 아이를 문과로 보내야 할지, 이과로 보내야 할지 고민이라는 것이다. 아이가 지망하는 학과와 실제로 진로 검사에서 추천하는 학과가 다르게 나왔기 때문이다. 사실 이런 질문은 자주 받는 편이다. 부모들 중에는 아예 수학만 어느 정도 되면 이과를 보내고 싶어 한다. 문과보다 취업도 잘되는 것 같고, 입시를 준비할 때도 더 편하고 쉽다고 생각한다.

문과와 이과를 선택할 때는 아이가 가진 유능감과 흥미를 정확히 구별해야 실수를 하지 않는다. 아이가 잘하는 것과 유능한 부분이 분명히 있을 것이다. 그것을 흥미와 혼돈해서는 안 된다. 흥미만 놓고 판단하는 것은 잘못된 것이다.

상담을 받았던 아이 중에 진로나 성격, 학습 성향이 모두 문과 스타일로 나왔는데 부모와 아이 모두 이과를 지망하려는 경우가 있었다. 수학을 어느 정도 한다고 생각했고, 진학을 원하는 학과가 이과에 있었기 때문이다. 반면 수학을 못해서 문과를 지망하려는 아이가 있었는데, 이 학생의 경우는 대신 암기를 잘 못하기 때문에 문과에서 좋은 성적을 낼 수 있을지 걱정을 하고 있었다. 그런데 과학 성적은 매우 좋았다.

이 두 학생의 공통점은 무엇일까? 바로 수학을 기준으로 삼았다는 점이다. 문과와 이과를 나누는 기준을 수학으로 잡으면 곤란하다. 오히려 그것을 결정하는 요인은 과학이다. 수학을 잘하는 아이가 문과를 갈 수도 있고, 수학을 못하는 아이가 이과를 갈 수도 있다. 문과에 갔는데 수학을 잘한다면 이과성 문과(경제학, 통계학, 교육공학)가 유리할 수 있다.

무엇보다 중요한 것은 본인이 잘할 수 있는 능력, 유능감을 먼저 찾아야 한다. 스타일, 성격, 마인드가 모두 문과라면 문과에서 본인이 할 수 있는 것을 찾아야 후회를 하지 않는다. 만약 진로 검사에서 이과가 나왔다면 본인이 흥미를 느끼는 희망사항일 수 있다. 중학교 때 검사를 해보면 그런 사례가 많다. 하지만 고등학교에 올라가서는 유능감과 흥미를 명확하게 구분해야 한다. 유능감이나 능력이 전혀 없는 아이가 흥미로만 이과 문과를 선택하면 본인이 힘들어진다. 중학교 때라면 수학을 적극적으로 시켜서 유능감을 올려놓는 것이 좋다. 국어와 영어 실력도 마찬가지다. 하지만 고등학교 때는 따라가기도 벅차서 중도에 포기할 우려가 크다. 즉 중학교 때는 흥미가 유능감을 유발시키고 고등학교 때는 유능감이 흥미를 유발시키기 때문에, 중학교 때는 흥미가 중요하고 고등학교 때는 유능감이 중요하다. 반드시 흥미가 아닌 유능감으로 문과 이과를 선택하자. 유능감과 흥미가 일치한다면 고민할 필요가 없을 것이다.

아직도 문과에 가면 대학 가기 힘들지 않느냐는 학부모가 있을지 모르지만 그것은 100세 시대에 할 수 있는 말이 아니다. 앞으로는 자신이 좋아하고 잘하는 것을 찾아가는 시대다. 우리 부모들이 평균 50세에 은퇴하는 기준으로 모든 것을 선택하면 안 된다는 소리다. 앞으로 2050년대는 평균수명이 120세이기 때문에 자신만의 콘텐츠가 필요하고 본인이 잘하고 좋아하는 것을 선택해야 할 것이다.

또한 요즘은 융합형 교육을 하는 시대고 대학에서도 복수전공이 많기 때문에 선택의 폭이 다양하다. 문과는 처음부터 학과를 보지 말고 대학을 보고 가도 된다. 영어 선생님이 꿈이라면 영어교육학과가 아니라 더 좋은 대학의 교육학과를 보내서 부전공으로 영어교육을 시킬 수도 있다는 말이다. 선택은 본인들의 몫이지만 그런 것도 하나의 전략이 될 수 있다. 반면에 이과는 좀 다르다. 이과는 전공 선택이 중요하기 때문에 처음부터 학과를 명확하게 결정하고 준비하는 것이 좋다.

**천재는 노력하는 사람을 이길 수 없고
노력하는 사람은 즐기는 사람을 이길 수 없다.**

― 롤프 메르클레 Rolf Merkle

PART 3

혼자 공부하는 아이들

상위 3%
공부습관
만들기

역치라는 것은 인간의 한계치를 말한다.
도저히 극복할 수 없을 것만 같은
어느 선을 넘어버리는 것이다.
우리가 격렬한 운동을 하거나 어려운 외국어를 공부할 때
자신의 한계를 넘는 경험을 한 번 하게 되면
그 이후는 오히려 편안해진다.
상당한 시간을 투자하고
자신의 한계를 넘는 노력을 했기 때문에
어느 순간 용기와 자신감이 생기게 되는 것이다.
인간의 한계를 넘어서는
마라톤 선수들을 생각하면 쉬울 것이다.
결국 자신과의 싸움이다.

Chapter 1

공부 멘탈

- 왜 혼자 공부하지 못할까?
- 구체적인 목표를 설정하라
- 성취 경험을 만들어라
- 역치를 경험하라
- 몰입을 통해 공부에 대한 희열감을 느껴라

왜 혼자 공부하지 못할까?

많은 아이들이 혼자 공부하는 것을 어려워한다. 이유는 간단하다. 요즘엔 공부를 도와주는 요소가 너무도 많기 때문이다. 공부란 원래 혼자 하는 것인데 학원, 과외, 인터넷 강의 등 학습을 도와주는 전문가들이 넘쳐난다. 물론 각자에게 알맞은 적절한 도움은 반드시 필요하다. 하지만 그렇게 공부한 것을 오롯이 자신의 것으로 다시 만들지 못하면 아무 소용없다.

학원에서 2시간 강의를 들었다면 스스로 복습하는 시간도 2시간 똑같이 투자해야 한다. 스스로 학습해서 자기화시키는 것이 진짜 공부다.

요즘 아이들이 혼자 공부하지 못하는 이유 중 또 하나는, 바로 주변에 공부를 방해하는 요소들이 너무도 많다는 것이다. 컴퓨터 게임이나 스마트폰, 좋아하는 아이돌… 이런 것들은 공부할 때 아이들의 집중력을 방해한다. 그런데 이보다 더 근본적인 이유는 사실 아이들 스스로 공부하는 이유를 잘 모른다는 것이다.

공부를 왜 해야 할까? 공부를 통해 무엇을 얻을 수 있을까? 답을 알고 있다 하더라도 단편적인 생각이거나 수동적으로 받아들일 뿐이다. 매일 하는 공부다. 우리는 왜 공부를 하는지, 깊이 있게 고민하는 것부터 시작해야 한다.

한편 부모들은 '요즘 아이들은 끈기가 부족해!' 하고 탓하면서도 막상 이를 고쳐주려는 노력은 소홀하거나, 어떻게 해야 하는지 모르는 경우가 많다. 무조건 강요만 한다고 아이의 학습습관이 나아질까? 강요에 의해서 책상에 앉는 아이는 공부에 쉽게 지칠 수밖에 없다.

부모의 이러한 태도는 학습 방향이나 중심이 제대로 잡혀 있지 않다는 것을 보여줄 뿐이다. 아이들을 닦달해서 좋은 효과를 볼 수 없음을 알면서도, 그렇게라도 하지 않으면 뭔가 찜찜하고 제대로 한 것 같지 않은 마음이 드는 것이다.

하지만 이렇게 강요에 의해 공부하는 아이들은 당연히 인내력과 집중력이 떨어지게 된다. 반대로 자신이 왜 공부해야 하는지 알고 있는 아이들은 자신감이 있고, 혼자서도 꾸준히 잘해나간다.

내 아이가 인내력과 성취감이 부족하다고 느끼는가? 그렇다면 지금 아이가 가진 가장 큰 고민이 무엇인지 파악하자. 아이에게 문제가 되는 부분만 신속하게 해결해줘도 아이는 학습에 대한 자신감을 회복하고 동기와 목표를 다시 세울 수 있다. 공부에 대한 정확한 방향과 목표 없이 단지 부모가 시켜서 하는 공부는 인내력과 끈기, 성취에 대한 도전, 자율성을 떨어뜨린다. 뚜렷한 목표가 없으니 인내력과 집중력을 발휘해야 할 필요도, 그럴 능력도 없어지는 것이다.

공부의 주인은 아이 자신이므로 공부를 위한 계획, 실행, 자기 관리를 스스로 해야 한다. 그래야만 대학에 가서 진정한 의미의 공부를 할 수 있다. 나의 현 상태를 점검하고 나 자신과의 싸움을 통해 인내력을 기르고 계획하고 실행하면서 나의 삶 전반을 다루는 과정, 그리고 내 인생의 발판이 되어주는 것, 그것이 공부다!

구체적인 목표를 설정하라

목표를 제대로 설정한다는 것은 매우 중요한 일이다. 목표가 있고 없고는 학습적인 면에서도 상당한 차이가 있다. 목표 없는 배는 망망대해에서 표류할 수밖에 없는 것처럼 목표가 있는 아이와 목표가 없는 아이는 시작과 결과가 다르다. 목표가 있는 아이들은 그 목표를 공부라는 여행의 목적지로 삼아 꿈을 구체적으로 그려볼 수 있다. 반면 목표가 없는 아이들은 닥치는 대로, 주어지는 상황에 따라 행동한다. 본인은 구속을 받지 않아 좋지만 결국 소중한 시간을 낭비하게 된다.

목표가 명확히 설정되면 공부에 대한 이유도 명확하게 선다. 공부할 때는 목표가 명확할수록 실천력이 높아진다. 장기적인 목표와 단기적인 주간 목표를 수립하는 것도 중요한데 꿈과 목표가 정해지면 지속적으로 시간을 투자해 실천하도록 한다. 큰 목표를 이루기 위해서는 주 단위, 일 단위로 나누어 해야 할 일에 집중하면 좋다. 단순히 '공부'라고만 계획하면 무엇을 공부해야 할지 막막하다. 그러나 과목명과 교재, 분량, 시간까지 명확하게 정하고 시간을 나누면 차근차근 목표에 다가갈 수 있다.

공부 목표는 현실과 이상 사이의 차이다. 너무 이상적으로 목표를 세워도 안 되고, 반대로 너무 현실적이어도 바람직하지 않다. 목표 설정은 최대한 현실과 이상 사이의 간극을 줄이는 일이다. 가장 좋은 목표는 본인이 최선을 다해서 할 수 있는 것이다. 능력은 되는데 너무 쉽게 잡으면 목표라고 할 수 없고, 또 능력이 되지 않는데 목표를 너무 높게 잡는 것도 이상만 추구하는 것이다.

그렇다면 목표는 어떻게 세워야 할까?

여기 스마트SMART한 목표 세우기를 소개한다.

S(Specific) | 먼저 추상적 목표보다는 구체적인 목표를 잡아라

예를 들어 '나는 이번에 수학 점수 100점 맞을 거야'라고 목표를 정했다면, 엄밀하게 말해서 이건 구체적인 목표가 아니다. 점수가 아니라 구체적인 목표가 나와야 한다. 그렇다면 '틀린 문제 오답노트를 풀겠다'는 어떨까? 이것도 구체적인 목표가 아니다. '틀린 문제 오답노트를 5번씩 풀겠다'가 구체적인 목표다. '쉬는 시간에 복습하겠다'보다는 '쉬는 시간에 비슷한 유형의 문제를 5개씩 풀겠다'가 구체적인 목표인 것이다.

M(Measurable) | 측정 가능한 목표를 세워라

'나는 몸무게를 몇 킬로그램 빼겠다'라는 것은 목표가 아니다. 그렇게 하기 위해서 '내가 하루에 저녁마다 동네를 두 바퀴씩 돌겠다'라든가 '하루에 윗몸 일으키기를 100개씩 하겠다'라는 것이 목표다. 목표를 세울 때는 반드시 측정 가능한 목표를 잡아야 한다. 공부를 할 때도 하루에 영어 단어를 몇 개씩 외울 건지, 수학을 몇 문제씩 풀 건지, 책을 몇 권 읽을 것인지 명확하게 정해야 한다.

A(Action-oriented) | 실천으로 옮길 수 있는 목표를 정해라

평상시 수학 공부를 할 때 한 시간도 제대로 하지 못하는 친구가 하루 다섯 시간을 목표로 잡는다면 이것은 실천할 수 있는 목표가 아니다. 자신의 상황은 무시한 채 다른 친구들의 목표를 따라가거나 부모님이 원하는 목표를 세우는 것은 현실적인 목표가 아니다.

R(Realistic) | 실현 가능한 목표를 세워라

평소에 수학을 70점을 맞고 있는데 '이번 중간고사 때 100점을 맞기 위해 문제집을 하루 한 권씩 풀 거야!'라는 것도 실천하기 힘든 목표가 될 수 있다. 현실적으로 불가능한 목표를 세우면 쉽게 포기하고, '역시 나는 안 돼'라는 좌절감에 빠질 수 있다. 그래서 목표를 작게 잡더라도 도달해보는 것이 중요하다. 그래야만 성취 동기가 생기기 때문이다.

T(Timely) | 목표를 이루어가는 과정에서 시간을 고려해라

목표 세우기와 시간관리는 분리해서 생각할 수가 없다. 목표를 세우는 과정에서 학습량과 시간 분배가 세부적으로 되어야 한다. 언제 시작해서 언제까지 끝낼 것인지, 효율적인 시간관리는 공부 계획을 꾸준히 실행할 수 있도록 도움을 준다.

스마트한 목표 세우기를 통해 보다 구체적으로 목표를 세우는 방법을 찾자. 목표는 실천이 가능해야 성취감도 높고 이후 목표를 재설정하는 데 도움을 받을 수 있다. 또한 목표란 세부적이고 구체적으로 잡아야 한다는 것을 명심하자. 행동 변화를 일으키는 원천이기 때문이다.

성취 경험을 만들어라

한 엄마가 끈기가 부족한 아이를 어떻게 하면 좋겠냐고 상담 요청을 해왔다. 억지로 책상에 앉혀놓기는 하는데 그것이 바람직한 것 같지는 않다는 것이 요지였다. 그렇다. 인내심이 부족한 아이에게 무조건 강요만 한다면 결코 나아지지 않는다. 오히려 책상에 앉아 공부는커녕 다른 생각으로 시간만 때울 뿐이다. 부모의 강요에 의해 공부하는 아이들은 힘이 금세 떨어지고 지치게 된다. 꾸준한 학습도 이루어지지 않는다.

인내심이나 성취감이 부족한 아이들은 당연히 학습에도 부정적일 수밖에 없다. 어떤 공부를 해도 의욕이 생기지 않는다. 이런 경우는 아이가 왜 공부를 해야 하는지 알지 못해서다. 그리고 성취 경험이 별로 없기 때문에 그로 인해 자신감도 많이 떨어져 있는 상태일 것이다.

부모가 시켜서 하는 공부는 공부가 아니다. 스스로 해야 자신감이 생기고, 집중력을 발휘할 수 있다. 아이가 늘어지는 이유는 바로 그런 공부 계획이 본인의 힘으로 이루어지지 않았기 때문이다. 공부의 주인은 아이 자신인데 말이다.

자아존중감은 자기 자신, 자기 가치에 대한 판단이다. 그리고 자기효능감은 자기 능력에 대한 부분이다. 아이들 중에는 자아존중감은 높지만 자기효능감은 떨어지는 경우가 있다. 그것은 부모의 강요나 기대에 밀려서 자신이 가진 능력에 대한 향상이 제대로 이루어지지 않는다는 것을 의미한다.

자기효능감이 높아지려면 아이들이 스스로 구체적인 목표를 세우고, 성취 경험과 롤 모델이 있는 것이 좋다. 그렇게 되면 자기주도적으로 학습을 이끌어가면서 정서적으로 안정된다. 부모들은 아이가 자기효능감을 찾아나갈 수 있도록 도와주자. 잘하는 것에 대한 동기부여도 팍팍 주고, 어려운 것에 대해서는 함께 문제를 해결하기 위해 노력하는 자세가 필요하다. 결과보다는 과정을 중요하게 생각하면서 아이와의 유대관계를 형성하자.

아이가 공부를 하지 않는 이유는 아직 직접적인 동기가 유발되지 않았다는 것을 말해준다. 부모는 어떤 동기부여를 통해 아이의 공부 변화를 불러와야 할지 고민하고, 정신적인 조력자가 되어주도록 노력해야 할 것이다. 동기부여에는 내재적 동기와 외재적 동기 두 가지가 있다. 외재적 동기는 공부를 통해 어떤 보상이 내려지는 것이고, 내재적 동기는 흥미나 호기심으로 인해 공부 자체가 좋아서 하는 것이다. 예를 들어 시험 잘 보면 좋아하는 것을 사주겠다고 약속을 했으면 그것이 외재적 동기가 될 수 있다. 물론 아이 스스로 마음에서 우러나오는 내재적 동기가 아이의 공부습관을 길러주는 데 도움이 될 것이고, 즐겁고 행복한 공부를 할 수 있도록 만들어줄 것이다. 어떤 과목이 좋고 재미있어서 공부를 하는 아이가 있다면 그 아이는 꽤 동기부여가 잘 된 케이스다. 점수 때문에 억지로, 또는 부모에게 혼나지 않으려고 하는 공부와는 차별이 있다. 하지만 내재적 동기가 강한 아이들이 그렇게 많지 않고, 또 외재적 동기에서 중요한 요소인 보상 효과는 오래 갈 수 없다. 따라서 두 가지의 동기부여를 유기적으로 잘 활용하여 공부습관을 기르게 하는 것이 바람직하다.

또한, 대부분의 부모가 과정(노력) 중심의 동기부여보다는 결과(능력) 중심의 동기부여에 신경 쓰는 경향이 있는데, 결과 위주의 동기부여는 아이들이 스스로 잘하는 것만 보여주려고 하기 때문에 종합적인 학습 능력 향상에는 별로 도움이 되지 못한다. 또한 결과가 좋지 않을 때는 능력을 탓하며 의욕이 더욱 저하된다. 당연히 새로운 것에 대해 도전하지 못하고 공부 자체에 위축될 수 있다.

다음의 표는 결과 중심 동기부여와 과정 중심 동기부여의 차이를 잘 보여준다.

결과(능력) 중심 동기부여	과정(노력) 중심 동기부여
도전을 제한한다	도전의식을 갖게 한다
능력 부족	노력 부족
실패에 대한 좌절	과정에 만족
망신당할 기회(성적이 안 나올 경우)	배움의 기회(성적이 안 나올 경우)
실패 시 동기가 없다	실패해도 동기가 있다
평가 목표(자존감 상실)	학습 목표(실력 쌓기)
평가 동기	학습 동기

좋은 동기부여는 아이의 자신감을 길러주고 아울러 학습 능력을 향상시킬 수 있는 최상의 효과를 발휘할 수 있다. 아무리 생각해도 내 아이가 자신감이 없는 것 같아 속상하다면 먼저 잘할 수 있는 것에서부터 동기부여를 찾는 것이 중요하다. 관심을 갖는 과목도 좋고 책을 잘 읽는다거나 그림을 잘 그린다거나 특기도 좋다. 우선 잘하는 것을 찾아내 칭찬해주고 본인도 스스로에게 칭찬해줄 수 있도록 하자.

**목적 없는 공부는
기억에 해가 될 뿐이며,
머릿속에 들어온 어떤 것도
간직하지 못한다.**

— 레오나르도 다빈치Leonardo da Vinci

역치를 경험하라

역치라는 것은 인간의 한계치를 말한다. 도저히 극복할 수 없을 것만 같은 어느 선을 넘어버리는 것이다. 우리가 격렬한 운동을 하거나 어려운 수학을 공부할 때 자신의 한계를 넘는 경험을 한 번 하게 되면 그 이후는 오히려 편안해진다. 상당한 시간을 투자하고 자신의 한계를 넘는 노력을 했기 때문에 어느 순간 용기와 자신감이 생기게 되는 것이다. 인간의 한계를 넘어서는 마라톤 선수들을 생각하면 쉬울 것이다. 결국 자신과의 싸움이다.

공부하는 아이들에게는 역치의 경험은 학습 능력을 키우는 데 매우 중요하다. 방학을 이용하거나 시간 조절이 좀 가능한 시기에 자신의 한계를 넘는 공부를 한 번 경험하면 아이의 역량이 크게 달라질 것이다. 그만큼 자신에 대한 인지 능력이 생기게 된다.

역치를 일으키려면 크게 세 가지가 필요하다. 수학에서 일으키는 것, 영어에서 일으키는 것, 독서(고전)에서 일으키는 것이다. 아이들은 이 세 가지 중에서 하나라도 확실하게 잡고 있어야 좋다. 두 가지 이상을 하면 더 좋다. 보통 도전하는 아이들의 평균치를 살펴보면 수학 5시간, 영어 단어 하루에 100개, 독서 방학 동안에 고전 3권 정도라고 생각하면 된다. 입시 경쟁이 치열한 곳에서는 날을 잡아서 하루에 단어를 1,000개 외우는 아이도 보았다.

처음에는 목표를 세우는 것이 힘들 수 있지만 차츰 익숙해지고,

일단 학습에 들어가면 대부분 약속을 지키기 위해 노력한다. 물론 역치라는 것이 자신의 한계치를 극복하는 것이지만 처음 시작하는 아이들은 중도에 포기하지 않도록 실천할 수 있는 현실적인 계획을 세우는 것이 필요하다. 어느 정도 시작한 후에는 상황에 따라 늘려나갈 수도 있다. 누가 해주는 것도 아니고 본인 스스로가 수행하는 것이기 때문에 노트를 마련하는 등 준비 작업부터 철저하게 자기 의지로 하는 것이 좋다.

기본적으로 역치는 본인 스스로가 체험하는 것이지만 자기주도학습이 몸에 배지 못한 학생들은 어려움을 겪을 수 있다. 공부를 잘하는 아이들도 힘들어서 중도에 포기하고 싶은 마음이 들 수 있다. 이럴 때 혼자 공부하는 것이 아니라는 인식을 심어줄 필요가 있다.

아이들의 공부를 관리하는 멘토는 항상 용기와 힘을 북돋아주면서 한편으로는 제대로 수행하는지 감독을 철저하게 해야 한다. 그것이 바로 성적과 습관을 동시에 잡아주는 매니징이다. 가장 중요한 사람은 다름 아닌 부모다. 학교나 학원에서 하는 것이 아니라 집에서 스스로 공부하는 시간이기 때문에 잘 지킬 수 있도록 관심을 가져야 한다. 빼곡하게 쓰는 정리노트, 수학 오답노트와 영어 단어, 플래너 등을 수시로 체크하면서 칭찬과 격려도 아끼지 말자.

특히 아이들이 처음에는 영어, 수학보다 고전 읽기가 쉬울 줄 알고 많이 선택하게 되는데 실제로 시작해보면 책 읽는 것이 가장 어럽다. 독서는 어릴 때부터 꾸준히 습관이 된 아이들이 유리하지만 늦게 시작했다 하더라도 학습에 중요한 요소임을 잊어서는 안 된다. 평소에 독서를 많이 했던 아이가 실제로 대학입시에서는 평소 자기 능력보다 훨씬 높은 실력을 발휘할 수 있다. 독서는 수학 영어와 달리 삶 자체에서 필요한 것이기 때문에 아이에게 알게 모르게 뼈가 되고 살이 되는 것이다.

어려운 고전 100권을 읽어낸다는 경험은 무엇과도 바꿀 수 없다. 다른 과목에도 영향을 주는 건 두말할 나위가 없다. 고전이 주는 힘은 학습은 물론 생각하는 힘, 가치관과도 연관이 있기 때문에 아이들의 역량 자체가 달라지는 것이다.

역치를 통해서 얻을 수 있는 가장 좋은 효과는 자신감이다. 아이들은 역치를 통해 어떤 것이든 해낼 수 있다는 자신감과 용기를 얻을 수 있다. 그런 자신감이 계속 이어지다 보면 어느 순간 평소에 어려워하던 공부도 편하게 다가갈 수 있고, 또 열심히 하다 보면 공부습관으로 남게 된다. 요즘은 이처럼 공부습관을 길러주면서 역치를 경험하게 해주는 학원들도 많이 생겨나고 있다. 습관을 만드는 것이 결코 쉬운 일이 아니라는 것은 누구나 공감할 것이다.

필자는 학습 코칭을 통해 자신의 한계를 극복하고 새로운 경험과 도전으로 생각보다 빠른 시일 안에 전교권으로 들어가는 아이들도 많이 보았다. 하지만 물론 힘들어하는 아이들도 많다. 무리하면 독이 될 수도 있으니 강약을 조절하면서 포기만 하지 않고 따라올 수 있도록 이끌어주어야 한다. 역치 경험은 잘하고 못하고를 떠

나서 할 수 있다, 해낼 수 있다는 마인드의 문제다. 꾸준히 하다 보면 변화가 일어난다.

몰입을 통해 공부에 대한 희열감을 느껴라

아프리카 초원에 얼룩말 한 마리가 죽을힘을 다해 달리고 있다. 그 뒤를 밀림의 왕자 사자가 맹렬하게 뒤쫓고 있다. 잡힐 듯 잡힐 듯 아슬아슬한 레이스가 이어지지만 결국 얼룩말은 사자로부터 도망치는 데 성공한다. 얼룩말은 왜 사자에게 잡아먹히지 않았을까?

얼룩말은 사자에게 쫓기던 그 순간 잡아먹힐지도 모른다는 생각 때문에 자신이 가진 모든 에너지와 능력을 최고의 경지에 이르게 하면서 집중한다. 목숨이 걸린 중대한 순간이었기 때문이다. 바로 이것이 몰입이다. 얼룩말은 맹수인 사자를 따돌리자 앞으로도 절대 잡히지 않을 것이라는 자신감이 생겼고 그것이 바로 수동적 몰입의 효과다. 고통의 순간을 피하지 않고 부딪쳐 도전함으로써 희열감으로 바뀐 것이다.

공부도 마찬가지다. 집중과 몰입이 필요한 때가 있다. 특히 아이들의 집중력을 기르기 위해서 일부러라도 몰입에 대한 훈련을 하는 것이 좋다. 시험 볼 때 걱정하고 긴장하면 에너지가 분산되어 몰입을 잘 못하게 되는데 몰입을 제대로 하려면 에너지를 최대한 모아서 끌어올려야 한다. 그래서 생각이 많은 사람보다는 단순한 사람이 몰입을 더 잘한다고도 말한다.

서울대학교 황농문 교수가 몰입의 힘을 키워주는 10가지 생활 습관을 강조했는데 여기에 소개해본다. 우리가 이야기하고 있는 공부와 습관에 대한 것으로 학부모들과 아이들이 생각해볼 수 있는 내용이다.

❶ 수면시간을 늘려라

우리나라 청소년들은 잠을 적게 잔다. 4당5락, 4시간 자면 붙고 5시간 자면 떨어진다는 말이 있을 정도지만, 사실 청소년들에게 잠은 굉장히 중요하다. 충분히 잠을 자야 습득한 지식을 정리하고 통합할 수 있다. 적어도 6~7시간 정도 수면을 취하는 것이 좋다. 외국의 경우 등교 시간을 한 시간 늦췄더니 학습 효과가 더욱 좋아졌다는 연구 사례들이 많다.

❷ 깨어 있는 시간을 최대한 활용하라

잠은 푹 자되, 대신 깨어 있는 시간에는 우리의 뇌를 쉬지 않게 해야 한다. 의도적으로 뇌를 써야 몰입도가 올라간다. 학생들의 경우 수면이 충분해야 깨어 있는 시간에 활력을 찾을 수 있다. 수업 시간이나 쉬는 시간에 졸음이 오는 것은 수면이 부족해서다. 그러면 몰입이 어렵다.

❸ 땀을 흘리는 운동을 하라

규칙적인 운동의 중요성은 굳이 강조하지 않아도 잘 알 것이다. 특히 공부하는 학생들은 반드시 몸을 움직이는 운동을 해야 한다. 운동을 하면 몸의 에너지와 전두엽이 활성화된다.

❹ 하나에 몰입하라

아이들이 몰입을 경험하기 위해서는 한 가지에 빠져들어야 한다. 한 과목에 집중해서 몰입하면 끈기와 지구력도 생긴다.

❺ 명상 이완하라

명상과 이완은 집중력을 키워준다. 몸은 편하게 휴식을 취하면서 머리로는 명상을 하는 것이다. 마음이 편안해지고 지치지 않기 때문에 공부할 때 긴장감을 없애준다.

❻ 암기하지 말고 이해하라(객관화에서 주관화)

암기는 머리를 쓰지 않는 것이다. 어떤 문제에 부딪혔을 때 이해하려고 노력해야 한다. 비록 천천히 진행하더라도 완벽하게 자기 것으로 소화시켜야 한다. 공부를 할 때도 답을 먼저 보는 것이 아니라 직접 문제를 풀려고 노력할 때 학습 효과가 있는 것이다.

❼ 생각하고 또 생각하라(자기화)

공부는 두뇌를 쓰는 것이다. 어떤 문제든 능동적으로 도전해야 한다. 스스로 정답을 찾아내는 과정이 많아져야 실력이 쌓인다.

❽ 결과보다는 과정이다
공부는 과정이라고 했다. 최선을 다했으면 결과를 기다리는 것이다. 괜히 걱정과 긴장을 하면 에너지만 소비된다.

❾ 선택과 집중하라
모르는 문제를 암기하려고 하지 말고 이해해야 한다. 또 반드시 알고 있어야 하는 것에 집중하자.

❿ 반복학습이 중요하다
스님들이 목탁을 두드리면서 참선을 할 때 몰입하듯이 반복해서 계속 습관처럼 따라하면 자기도 모르게 몰입이 된다.

몰입은 두뇌를 최대한 활용하는 것이다. 사자에게 목숨을 빼앗길까 두려워 자신의 에너지를 최고치로 끌어올린 얼룩말처럼 공부에서도 몰입을 통해 최상의 교육 효과를 볼 수 있다. 몰입에서 중요한 것은 정해진 시간이다. 목숨이 걸린 찰나의 동물처럼, 고전 100권 읽기를 정해진 시간 안에 독파하겠다는 학생들도 있는 힘을 모아 그 기간을 넘어서면 어느 시점에 과거와는 전혀 다른 변화를 경험할 수 있다. 에너지가 많이 늘어지는 요즘 아이들이 의도적 몰입 훈련을 통해 잠재된 능력을 찾아내고 지속적으로 유지할 수 있도록 도움을 주자.

**배움의 큰 적은
자기 마음속에서 오는 유혹이다.**

— 처칠 Winston Churchill

Chapter 2

공부 방법

- 내 아이 공부 방법, 무엇이 문제일까?
- 공부 도구를 제대로 활용하라
- 공부의 전체 흐름을 보여주는 5단계 패턴 학습
- 시험 완벽 대비 4주기 프로젝트

내 아이 공부 방법, 무엇이 문제일까?

사교육에 아무리 많은 비용을 들여도 좀처럼 효과가 나오지 않는 고비용 저효율 학습을 하고 있다면, 가장 먼저 혹시 내 아이 공부 방법에 문제가 없는지 살펴보자.

공부 문제는 공부 방법, 공부 도구, 공부 습관, 그리고 학습 능력 등 크게 네 가지로 나타난다. 이 네 가지 중 내 아이가 가지고 있는 문제는 무엇인지 먼저 파악하고 원인을 찾아내는 것이 중요하다.

공부 방법의 문제

수영 시합을 하는데 각각 개헤엄과 자유형으로 경기를 치른다고 생각해보자. 과연 누가 이길까? 이 경기의 승자는 100% 자유형으로 수영을 하는 사람이다. 개헤엄은 절대로 자유형을 이길 수 없기 때문이다.

이처럼 공부 방법이 잘못되어 있는 아이는 죽어라 공부해도 공부한 만큼의 학습 효과를 기대하기가 어렵다. 이런 아이의 특징은 공부의 패턴, 즉 순서나 규칙을 모른다는 것이다. 당연히 시험 직전에 무엇을 해야 할지도 모른다. 교과서에서 중요한 문장에 밑줄을 그으라고 하면 어디에 그을지를 몰라 엉뚱한 곳에 긋기도 한다.

이런 아이들은 자신의 수준과 유형, 목표에 맞지 않는 방법으로 공부하고 있는 경우가 많다. 수학 60점 맞는 아이가 100점 맞는 아이들이 푸는 수학 문제집을 푸는 것은 매우 어리석은 행동이다. 자신에게 맞는 공부가 아니면 성적은 절대 오르지 않는다.

공부는 5단계 패턴 학습으로 이루어진다. '전체보기-교과서 읽기-재배열-문제풀이-총정리'. 여기서 3단계까지가 개념학습이고, 나머지 2단계가 약점학습이다.

공부는 전체보기로 시작해서 전체보기로 끝난다. 물론 처음 전체보기와 마지막 총정리 전체보기는 차원이 다르다. 내가 공부한 게 한눈에 다 들어와야 하고 꿰뚫을 수 있어야 한다. 그렇게 되면 아이들은 공부에 희열감을 느끼게 된다.

공부 도구의 문제

전쟁터에서 총과 칼이 경쟁이 되는가? 칼은 절대 총을 이길 수 없다. 그만큼 공부할 때는 도구의 활용이 중요하다. 공부 도구는 플래너, 복습노트, 정리노트, 오답노트인데 쓰고 활용하기에 따라 공부를 돕는 최고의 조력자가 될 수 있다. 도구를 잘 사용하는 아이들과 그렇지 않은 아이들은 성적 격차가 점점 벌어지게 된다. 쓰지 않으면 도저히 따라갈 수가 없는 순간이 온다.

공부 도구 중 첫째는 플래너인데, 기본적이면서 가장 어려운 것이기 때문에 플래너가 되어 있어야 나머지를 쉽게 할 수 있다. 노트정리를 잘하지 않는다는 것은 수업에 집중하지 않는다는 것이고, 복습도 되지 않는 것을 의미한다. 플래너는 이런 것을 효율적으로 할 수 있게끔 목표를 설정해주는 기본적인 가이드인 것이다.

공부 습관의 문제

뇌는 습관과 연결된다. 뇌를 최적화해야 한다. 5단계 패턴 학습과 공부 도구를 아예 뇌에 정착시켜야 한다. 무의식적인 습관을 만드는 것은 엄청난 훈련과 반복 없이는 불가능하다. 열정과 동기보다도 더 중요한 것이 습관이다. 동기만 있고 실행력이 떨어지면 소용이 없기 때문이다.

이런 말이 있다. "가슴은 뜨겁고, 머리는 차갑게." 아이의 잠재력에 대한 믿음을 갖되 현실을 직시해야 한다는 것이다. '고등학교 올라가서 열심히 하면 되겠지.', '저 애도 대학 갔는데 우리 애 실력으로 가겠지.'라는 막연한 생각으로 임하면 무조건 실패한다. 부모도 아이를, 아이도 자기 자신을 객관적으로 바라봐야 한다. 내가 현실적으로 어떤 수준인지, 실제로 공부를 몇 시간 하고 있는지, 학습량은 어느 정도까지 할 것인지, 공부 도구는 어떻게 활용할 것인지 등 구체적인 분석 및 계획과 목표가 없다면 성적은 변하지 않는다. 또 반복해서 훈련하는 실행력이 없다면 자신의 것으로 체화되지 않는다.

고교생 상위 3%의 공부습관은 '최소 하루 5시간'의 자기 공부시간이 있다는 것이다. 구체적인 꿈과 목표도 없이 그냥 노력만 하는 것은 평범한 노력이다. 평범한 노력은 진정한 의미의 노력이 아니다. 영혼이 있는 공부를 해야 한다. 아이만의 근성과 특성, 멘탈, 색깔이 존재하는 공부를 해야 하는 것이다.

학습 능력의 문제

학습 능력에서 중요한 것은 읽기 능력이다. 읽기 능력이 부족하면 이해가 잘 안 되고 집중력에도 문제가 생긴다. 집중을 못하는 아이들은 교과서의 핵심 내용을 찾는 것을 어려워하고 전체를 통합적으로 파악하는 능력이 부족하다. 자연히 공부에는 치명적이다. 집중력, 이해력, 기억력, 분석력, 수리력, 추리력, 공간지각력의 문제가 여기에 해당된다.

이해력과 집중력이 떨어지는 아이들은 정독하지 않고 대충대충 읽는다. 부모가 보기에 공부를 열심히 하고 있는 것처럼 보여도 실상은 머릿속에 전혀 들어오지 않는 공부를 하고 있다. 그렇기 때문에 더더욱 학습에 대한 이해와 복습 훈련이 필요한 것이다.

위의 네 가지 문제점을 극복하고 실행해나가면 시간을 적게 투자하고도 저비용 고효율의 학습 성과를 거둘 수 있다.

공부 도구를
제대로 활용하라

▍공부 도구 ① 플래너 ▍

요즘 아이들이 플래너를 작성하지 못하는 이유

목표 설정의 기본이 되는 공부 도구 플래너. 그런데 요즘 아이들은 플래너 쓰는 것을 어려워한다. 플래너를 작성할 줄 알아야 구체적인 공부 목표가 나오기 때문에 플래너의 중요성을 모르는 학부모는 별로 없다. 하지만 정작 플래너를 써야 할 아이들은 벽에 부딪히기 일쑤다. 이유가 무엇일까? 첫 번째는 귀찮기 때문이다. 해봤자 지키지 못할 것이라 생각한다. 두 번째는 내가 내 시간을 모르기 때문이다. 아이의 시간을 아이가 아니라 엄마가 알기 때문에 플래너를 쓰지 못하는 것이다.

요즘 아이들은 시간 계획을 세울 때 주도적이지 못하다. 예를 들어 학교야 그렇다 치고 학원 시간 등을 고려해보면 자신이 시간을 조절할 수 있는 경우가 별로 없다. 본인 의향과는 상관없이 학원을 다니는 경우도 많아 자기 스스로 시간을 계획하려는 의지가 부족하고, 그럴 만한 환경도 조성되어 있지 않다. 안 그런 경우도 있겠지만 요즘에는 대부분 엄마가 시간을 꿰차고 있고 아이들은 수동적인 경우가 많다.

이렇듯 자기가 시간을 계획하지 못하기 때문에 시간을 전체적으로 보지 못하고 부분만 보게 되고, 그렇기 때문에 플래너를 쓰지 못하게 된다. 어차피 계획을 세워봐야 지킬 수 없다는 생각도 바탕에 깔려 있다. 실제로 많은 아이들이 플래너를 쓰다가 지키지 못해 중단하거나 다시 짜거나를 반복한다. 그만큼 플래너는 쓰기도 어렵지만 실천하기도 힘들다.

플래너를 잘 쓰기 위해서는 기본적으로 플래닝의 원리를 제대로 알 필요가 있다. 이는 세 가지로 나누어볼 수 있다.

① 목표를 명확하게 하라

장기적 인생 목표, 단기적 주간 목표를 명확하게 한다. 꿈을 명확하게 인지한 뒤 하고 싶은 일을 정하고, 매주 지속적으로 시간을 투자해 실천하도록 한다. 목표를 잡을 때는 아이의 성향에 따라 시간 중심 혹은 과업 중심으로 잡는다. 과업 중심의 경우 시간에 구애받지 않고, 성과를 명확히 알 수 있다. 하지만 시작 시간과 마감 시간이 없기 때문에 미룰 수 있다. 시간 중심의 경우 언제 어떤 일을 해야 할지 쉽게 파악할 수 있다. 그러나 수정이 어렵고, 다른 일에 영향을 미칠 수 있다. 초조하고 예민한 아이들은 과업 중심, 자주 미루는 아이들은 시간 중심으로 잡는 것이 좋다. 어느 정도 진행된 뒤에는 두 가지를 병행하는 것이 이상적이다.

② 시간의 예산을 세워라

시간 계획에서 데드라인이 정해져 있으면 몰입하게 된다. 하루의 시간은 고정시간, 주도시간, 생활시간으로 나눌 수 있다. '고정시간'은 학교 및 학원 수업, 시험, 수행평가 등 중요하고도 긴급한 일정으로 마음대로 변경할 수 없는 시간을 말한다. '주도시간'은 예습, 복습, 독서, 플래닝, 인강 등 긴급하지는 않지만 자기가 선택하는 능동적인 일정으로, 주도시간을 만들어내는 것이 플래닝의 목적이다. '생활시간'은 수면시간과 식사시간(여가시간 포함)을 말한다.

③ 시간 사용을 평가하라

시간관리에서 평가는 매우 중요하다. 실행한 내용에 대해 체크하고 평가해보면 앞으로의 시간을 관리하는 데 더 철저해지게 된다. 계획한 것은 가능하면 실천하려고 노력하자. 기회란 무작정 찾아오는 게 아니라 준비된 사람에게만 찾아온다. 과정에 충실하다 보면 결과도 따라온다. 매일매일 계획을 실행했는지 여부를 체크하고, 스스로 공부한 시간을 주간 단위로 통계를 내면 공부 자신감도 붙을 것이다. 자신을 돌아보고 다시 새롭게 공부를 해야겠다는 결심도 이 평가를 통해 만들어진다.

플래너를 짤 때는 우선순위가 있어야 한다. 가장 중요하고 긴급한 것이 무엇인지를 생각해야 하는 것이다. 그렇다면 플래너는 주간 단위로 짜는 것이 좋을까, 매일 짜는 것이 좋을까?

아이들은 매일매일 계획하면 중요한 것부터 하지 않고 급한 것부터 하려고 한다. 당장 발등의 불부터 끄려 하는 것이다. 그렇게 되면 효율성과 형평성이 떨어진다. 그래서 플래너는 무조건 주간 단위로 짜야 한다.

아이가 시간을 좀 더 자유롭게 활용할 수 있는 건 주말이므로, 그때 쓰는 걸 추천한다. 한 주를 마무리하는 일요일이 가장 좋다. 일요일 밤에 다음 주 계획을 짜고 월요일부터는 그때그때마다 실행한 것을 짜 넣도록 한다. 시간은 한 시간 정도로 여유 있게 잡아야 한다. 그래야 충분히 고민하고 계획할 수 있다.

아이의 성향에 따라 유독 플래너 짜기를 힘들어하는 경우도 있다. 공간지각력이 높은 아이가 특히 그렇다. 자율적이어서 틀에 맞춰서 행동하는 것이 힘든 아이이므로, 플래너 자체가 숨이 막힐 것이다. 따라서 내 아이가 유독 플래너 짜기를 힘들어한다면 성향에 주목할 필요가 있다. 이런 아이들의 경우는 더욱 유심히 지켜봐주고 관리해줘야 한다.

시간관리의 시작 | 우선순위 분명히 하기

성별, 연령, 소득에 관계없이 인간은 누구나 '하루=24시간'이라는 동일한 시간을 부여받는다. 해야 할 일이 아무리 많다고 해서 시간을 늘릴 수도, 빌릴 수도 없다. 따라서 누구에게나 공평하게 주어진 시간을 효과적으로 활용하려면 시간을 관리하는 방법을 이해해야 한다.

아이들은 자신이 하루하루 시간을 어떻게 쓰는지 잘 모르는 경우가 많다. 그렇기에 시간을 관리하고 계획한다고 하면 지레 어렵겠다고 생각한다. 따라서 아이가 자신에게 주어진 시간을 어떻게 쓰는지를 파악하는 게 먼저다.

그 방법은 먼저 하루의 모든 일과를 적는 데서 시작한다. 아침에 일어나서 잠자리에 들기까지의 모든 시간을 기록해보는 것이다. 공부하는 시간은 물론 잠을 자고 먹고 쉬는 시간까지 모두 적는다. 일주일 정도, 길면 최대 이주일 정도 이 작업을 하게 되면 아이 스스로 자기 시간을 파악할 수 있다. 현재 내가 어떤 시간을 얼마나 사용하고 있고 어떻게 균형을 맞춰야 하는지 알게 되는 것이다. 이 작업은 자기주도학습 시간을 만들기 위한 조각시간을 찾아내는 데도 목적이 있다. 이처럼 하루의 모든 일과를 적어보는 것은 플래닝을 할 때 선택과 집중을 하기 위한 작업으로, 플래너 작성을 시작하는 첫 주에는 반드시 이 작업이 이루어져야 한다.

앞서 말했듯 계획을 세울 때는 하루 단위가 아니라 주 단위로 세워야 한다. 높은 곳에 올라 아래를 굽어보듯, 전체적으로 시간을 보지 못하면 눈앞에 닥친 것 위주로 처리하게 되고, 엉뚱한 곳에 시간을 쓰게 되거나 구멍이 나기도 한다. 그렇기 때문에 반드시 일주일의 계획을 한 번에 세우되, 그 안에서 변경이나 수정은 가능하게 한다. 이후 평가를 통해 시간을 제대로 썼는지 전체적으로 조망할 수 있도록 한다.

그럼 이제 구체적인 시간관리 방법을 살펴보자.

우선순위 분명히 하기

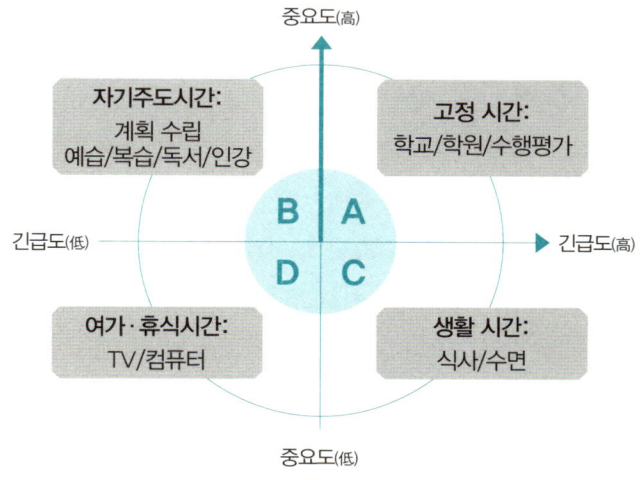

① 우선순위를 분명히 하라

고정시간(A)은 가장 중요하고 긴급한 것이다. 평소에는 학교나 학원, 방학 때는 기상시간을 고정시간으로 할 수 있다. 자기주도학습시간(B)은 중요하지만 급하지 않은 것으로 독서나 예습·복습을 말한다. 의식주생활시간(C)은 식사시간이나 수면시간이다. 자라나는 아이들에게 중요하지만 학습에 있어서는 중요도가 떨어진다. 여가·휴식시간(D)은 긴급하지도 중요하지도 않은 것이다. 가장 우선순위에 속하는 것은 A지만, A의 퀄리티는 B가 결정한다. 고정시간은 공부를 잘하든 못하든 누구나 하게 되어 있다. 얼마나 시간을 현명하게 사용하느냐에 따라 결과는 달라진다. 그래서 플래너를 짜는 이유는 주도시간을 '고정시간화' 하기 위함이다.

② 주간 단위로 계획을 세워라

앞서 이야기했듯 플래너는 효율성, 균형성, 실행력을 향상시키기 위해 주간 단위로 세우면 좋다. 매일매일 계획을 세우면 고정시간만 신경 쓰게 되고 체계적이지 못할뿐더러 당장 급하고 잘하는 것만 하려고 한다. 그렇게 되면 선택과 균형이 깨져 학습의 효율성이 떨어진다.

③ 시간의 양은 늘리고, 질은 높여라

플래너를 제대로 세우면 시간의 양을 늘릴 수 있다. 아이들의 경우 하루 중 자투리 시간이 대략 세 시간 정도다. 이 시간은 아무 생각 없이 허비하는 시간이다. 그러나 이 조각시간을 잘 활용하면 24시간을 사는 것이 아니라 하루 이상을 살게 된다. 철저한 계획은 시간을 더욱 촘촘히 사용하도록 이끈다. 플래너를 작성하며 자기 주도시간을 확장하기 위해 노력하는 자세가 필요하다.

아울러 플래너에 과목, 교재, 분량, 기한 등을 구체적으로 적으면 활용하는 시간의 질을 훨씬 높일 수 있다. 시간의 양을 늘리는 것도 중요하지만 같은 시간을 투자하더라도 그 질을 높이려는 노력 역시 필요하다.

플래너 작성하기 | 준비 단계

이제 본격적으로 플래너를 작성해보자. 플래너를 작성하기에 앞서 알아두어야 할 점들에 대해 정리해보았다.

- 펜 사용: 고정시간 – 검은색, 주도시간 – 파란색, 평가 – 빨간색
- 작성 시간: 매주 일요일 1시간(이 시간은 플래닝하는 시간으로 지정)
- 학습계획서: 과목과 교재명, 분량과 시간 계획 적기
- 일일계획: 계획선과 평가선 그리기, 집중도 체크하기
- 주간계획: 계획한 자기주도시간과 실천한 시간 각각 적기
- 평가: 매일 평가하고, 실천하지 못한 이유와 공부한 내용 적기
- 총 계획 시간과 실행 시간 적기
- 꼭 해야 할 일 적기

먼저 플래너를 작성할 때는 색깔 펜 3개를 사용하도록 한다. 검정색은 고정시간, 파란색은 자기주도시간, 빨간색은 평가에 활용한다. 매주 일요일 한 시간 정도는 플래너를 작성하는 시간으로 정하자. 처음에는 시간이 오래 걸릴 수도 있으니 1시간으로 잡고 하는 게 좋다. 그래야 생각하고 정리하면서 구체적으로 적을 수 있다. 10분이나 20분 정도로 잡으면 대충하게 된다.

주간에 꼭 해야 할 일과 계획된 총시간을 적는다. 이때 학습계획서에는 과목, 교재명, 분량 혹은 시간을 적으면 된다. 앞에서 잠깐

플래너 준비 단계

5월   학 습 계 획 서

과목	교재명	분량(시간)	과목	교재명	분량(시간)
노트정리	복노, 정노	6시간	국어	인강/교과서	2시간
수학	숙제 공부	4시간 3.5시간	사회	교과서	2시간
영어	숙제 공부	3시간 1.5시간	과학	교과서	2시간

시간	14 월요일	15 화요일	16 수요일	17 목요일
6:00				
7:00	기상	기상	기상	기상
8:00				
9:00	수학	과학2	국어 □□	체육
10:00	역사 □□	체육	체육	한문
11:00	국어 □□	국어 □□	창체	음악
12:00	사회	영어	사회	기가
13:00				
14:00	기가	과학1	수학	역사 □□
15:00	영어	수학	기가	사회
16:00		미술	영어	
17:00	역사인강	영어공부		
18:00			수학학원	역사인강
19:00	수학학원	영어학원		
20:00				영어학원
21:00	수학숙제		수학숙제	
22:00		영어숙제		
23:00	복습노트	복습노트	복습노트	복습노트
24:00	취침	취침	취침	취침
1:00				

실행 평가	계획	실천	계획	실천	계획	실천	계획	실천
	4		4		3		2	

반드시 해야 할 일

과목	교재명	분량(시간)
역사	인강/교과서	2시간
플래너	플래너	1시간
독서	고전	2.5시간

1. 공부할 때 핸드폰 끄기
2. 플래너 매일 쓰기
3. 잠자기 전 복습노트 읽기
4. 아침 꼭 먹기

18 금요일
- 기상
- 국어
- 수학
- 과학1
- 과학2
- 기가
- 영어
- 진로
- 수학학원
- 수학공부
- 복습노트
- 취침

계획 3.5 / 실천

19 토요일
- 기상
- 멘토코칭
- 운동
- 국어공부
- 자유시간
- 독서
- 과학공부
- 정리노트
- 취침

계획 6 / 실천

20 일요일
- 기상
- 영어학원
- 영어숙제
- 사회공부
- 자유시간
- 수학공부
- 독서
- 플래너 작성
- 취침

계획 7 / 실천

주간평가
총 계획 / 총 실행
29.5

실천 못한 이유

금주 반성

언급했듯 분량으로 접근해야 할 아이가 있고, 시간으로 접근해야 할 아이가 있다. 처음부터 시간으로만 잡으면 부담될 수 있고 분량 위주로 잡으면 늘어질 수 있기 때문에, 플래너를 짤 때는 시간과 분량을 같이 잡아야 한다. 특히 공간지각력이 낮은 아이는 늘어질 수 있기 때문에 반드시 시간과 분량을 같이 잡아야 한다.

이제 플래너를 보면서 실제적인 작성 방법을 살펴보자. 처음에 아이들이 작성하기 어려워하면 부모가 같이 보고 스스로 할 수 있도록 코칭해줄 필요가 있다. 유념해야 할 것은 부모는 코칭만 해줘야 한다는 것이다. 시간이 걸려도 목표 설정이나 기입은 아이가 직접 하도록 기다려준다.

① 월月과 일日, 반드시 해야 할 일을 적는다

날짜를 반드시 적는다. 동기부여를 위해 반드시 해야 할 일을 적는다.

② 이번 주 고정시간을 먼저 검정색으로 표시한다

학교, 학원, 취침시간 등을 검정색으로 잡는다. 복습노트는 학기 중에 주도시간으로 잡았지만, 방학 중에는 고정시간으로 잡는다. 12시를 취침시간으로 정했다면, 11~12시에는 무조건 복습노트를 쓰도록 한다. 자기 전 하는 공부는 렘수면을 통해 장기기억으로 넘어갈 수 있다.

③ 일주일 동안 예습과 복습 과목을 표시하고 스스로 공부할 수 있는 시간을 찾는다

공부, 숙제 어느 것이든 내가 스스로 공부할 수 있는 시간을 찾아내어 파란색으로 잡는다. 그날 배운 것은 무조건 그날 끝내야 한다. 학교를 다녀온 뒤 시간을 어영부영 보내기 쉬우므로 학원은 일찍 다녀오는 것이 낫다.

④ 내가 스스로 공부하겠다고 계획한 시간을 적는다

맨 밑에 파란색 주도시간의 합을 적는다. 고정시간은 매일 하는 시간이므로 적지 않는다. 위 플래너의 계획 시간을 모두 더하면 29.5시간이다. 계획 시간이 구체적으로 나오는 것이 중요하다.

⑤ 계획한 시간을 가지고 과목을 배분한다

과목과 교재와 분량을 정확하게 정한다. 국어 2시간, 수학 7.5시간, 영어 4.5시간, 사회 2시간, 과학 2시간, 이런 식으로 배분할 시간을 플래너에 기록한다.

⑥ 이 시간을 파란색 계획선으로 표시한다

자기 스스로 공부하는 시간이다.

여기까지가 매주 일요일에 완성해야 하는 플래너다.

플래너 실행 및 평가

5월 — 학습 계획서

과목	교재명	분량(시간)	과목	교재명	분량(시간)
노트정리	복노, 정노	6시간 / 5.5	국어	인강/교과서	2시간 / 2
수학	숙제	4시간 / 2	사회	교과서	2시간 / 2
	공부	3.5시간 / 2.5	과학	교과서	2시간 / 2
영어	숙제	3시간 / 3			
	공부	1.5시간 / 1.5			

시간	14 월요일	15 화요일	16 수요일	17 목요일
6:00				
7:00	기상	기상	기상	기상
8:00				
9:00	수학 70% 어려움 인수분해	과학2 100% 일과 에너지	국어 ○○ 90% 운수 좋은 날	체육 60% 힘듦 배구 연습
10:00	역사 ○○ 100% 고조선의 성립	체육 95% 배구 연습	체육 0% 양호실	한문 80% 졸림 1과 본문
11:00	국어 X○ 95% 주장하는 글	국어 ○○ 100% 설명하는 글	창체 100% 자습이라 잠	음악 90% 리코더 연습
12:00	사회 95% 세계의 다양한 문화	영어 100% 1과 본문 해석	사회 80% 졸았음 문화의 다양성	기가 100% 산업혁명 이후
13:00				
14:00	기가 75% 졸림 산업의 발달	과학1 50% 어려움 물질의 변화	수학 70% 아픔 인수분해의 활용	역사 X○ 100% 고조선 발전과정
15:00	영어 95% 1과 본문 해석	수학 95% 인수분해	기가 50% 아픔 산업혁명 이전	사회 100% 지구촌 문화
16:00		미술 75% 졸림 정물화	영어 50% 아픔 1과 마무리	
17:00				
18:00	역사인강 100% 구석기, 신석기	영어공부 100% TO 부정사	수학학원 병원갔다가 잠	역사인강 100% 고조선의 건국
19:00	수학학원 90% 이차함수	영어학원 90% 조동사		
20:00				
21:00	수학숙제 90% 이차함수	영어숙제 90% 조동사	수학숙제 계속 잠	영어학원 60% 전치사 어려움
22:00				
23:00	복습노트 90% 역사, 국어	복습노트 100% 국어 (빨리 끝남)	복습노트 50% 국어 졸림	복습노트 95% 역사
24:00	취침	취침	취침	취침
1:00				

실행 평가	계획	실천	계획	실천	계획	실천	계획	실천
	4	4	4	3.5	3	1	2	2

반드시 해야 할 일

1. 공부할 때 핸드폰 끄기
2. 플래너 매일 쓰기
3. 자자기 전 복습노트 읽기
4. 아침 꼭 먹기

과목	교재명	분량(시간)
역사	인강/교과서	2시간 / 2
플래너	플래너	1시간 / 1.5
독서	고전	2.5시간 / 1.5

주간평가

총계획	총실행
29.5	25.5

실천 못한 이유
1. 아팠음
2. 절제하지 못함

금주 반성
1. 몸 건강에 유의하기
2. 주말에도 계획대로 실천할 수 있도록 절제 잘하기

18 금요일

- 기상
- 국어 100% 응수 좋은 날
- 수학 100% 인수분해의 활용
- 과학1 100% 물질의 화학반응
- 과학2 100% 일과 에너지
- 기가 80% 좋았음 산업혁명 이후
- 영어 90% 2과 본문 해석
- 진로 100% 심리검사
- 수학학원 90% 이차함수의 활용
- 수학공부 70% 어려움 이차함수의 활용
- 복습노트 100% 국어
- 취침

19 토요일

- 기상
- 멘토코칭 80% 중간에 집중못함 5단계- 재배열
- 운동 100%
- 국어공부 (취소) 씻고 낮잠..
- 자유시간 국어공부 100% 비문학
- 독서
- 과학공부 90% 물질의 변화
- 정리노트 100% 역사, 국어
- 취침 늦게 잠

20 일요일

- 기상 늦잠 잠
- 영어학원 50% 지각함 TEST
- 영어숙제 100% TEST 오답풀이
- 사회공부 70% 어려움 문화의 이해
- 자유시간 100%
- 수학공부 tv 계속 봄
- 독서 100% 데미안
- 플래너 작성 80% 어려움
- 취침

계획	실선	계획	실선	계획	실선
3.5	3.5	6	5	7	6.5

플래너 작성하기 | 실행 및 평가

고정선과 계획선을 표시했다면 빨간색 실행선을 작성하면서 평가한다. 습관화를 위해 부모가 함께 보면서 집중도와 실천하지 못한 이유를 관리하는 것이 좋다. 평가는 밤에 한꺼번에 하지 말고 그때그때 하는 것이 좋다.

'%'는 집중도를 의미하며 90% 미만이면 집중하지 못한 이유를 쓴다. 계획은 얼마든지 바뀔 수 있다. 갑자기 급한 일이 생기거나 아파서 실행을 못했으면 '찍' 긋고 옆에 이유를 쓰면 된다. 하지만 너무 매일 바뀌면 계획을 잘못 짠 것은 아닌지 고민해봐야 한다.

빈칸은 쉬는 시간이다. 계획적으로 생활하지 않으면 눈치가 보이지만, 플랜 하에서는 효율적인 시간이다. 내 시간이기 때문에 게임이나 친구를 만나도 된다. 아이가 계획대로 열심히 공부했다면 이때만큼은 맘 편히 충전할 수 있도록 한다.

향후 더욱 구체적인 플래너가 나올 수 있다. 내가 만약에 수업시간 전에 예습을 했다면 동그라미, 어설프게 했으면 세모, 안 했으면 가위표로 표시한다. 복습노트 작성 여부까지 표시하면 완벽하다. 중학생이 이렇게까지 플래너를 쓸 수 있다면 공부에 대해서 걱정하지 않아도 될 것이다. 중학교 때부터 플래너 쓰기 습관을 들인다면 더할 나위 없다. 처음 한두 번 정도는 부모가 계획부터 실행까지 관리해주어야 한다. 그 다음은 아이의 몫이다.

공부 도구 ② 복습노트

복습의 원리와 방법

복습은 완전 학습으로 배운 것을 100% 내 것으로 소화하기 위한 공부다. 즉, 배운 것을 다시 꺼내어 쓸 수 있는 상태로 만들기 위한 작업이기 때문에 개념을 정리하고, 기억하고 암기하는 데 초점을 맞춰야 한다.

심리학자 에빙하우스의 망각 이론에 따르면 인간의 기억은 시간의 흐름에 반비례한다. 따라서 학습 10분 후부터 망각이 시작되며 한 시간 뒤에는 50%, 하루 뒤에는 70%, 한 달 뒤에는 80%가 망각된다. 이를 통해 학습한 것은 빠른 시간 안에 자주 반복해주어야 오래 기억에 남을 수 있다는 것을 알 수 있다. 반복학습이 중요한 이유는 복습을 해야만 배운 것을 완전하게 자신의 것으로 만들 수 있다는 것이다. 이렇게 중요한 복습을 많은 아이들이 어려워 하는 이유가 수업에 집중하지 않고 귀찮아 하기 때문이다. 복습을 제대로 하기 위해서는 먼저 수업에 집중하는 습관을 갖추어야 하는데, 복습의 가장 큰 효과는 완전 학습과 완벽한 이해에 있다.

그렇다면 복습의 기본 원리와 올바른 복습 방법은 무엇일까? 복습의 기본 원리는 '즉시 공부할 것', '그날 공부할 것', '자주 공부할 것' 이 세 가지다. 공부 잘하는 아이들이 가장 많이 쓰는 복습 방법이다. 어떤 학교는 수업이 50분이라면 실제 수업시간은 50분을 다

채우지 않는다. 45분 수업하고 종을 친다. 그 이유가 뭘까? 나머지 5분은 그날 배운 내용을 복습하라는 시간이다. 그리고 50분에 다시 종을 친다. 그때부터 쉬는 시간인 것이다. 즉시 공부할 것은, 그 중간의 5분 또는 수업 후 쉬는 시간에 하라는 것이다. 그날 공부할 것은, 잠자기 전에 다시 한 번 보라는 뜻이다. 고등학생은 야간자율학습을 활용해도 된다. 자주 공부할 것은, 주말을 이야기하는 것이다. 주중에 썼던 복습노트를 주말에 훑어보라는 말이다.

복습 방법은 중학생은 4단계, 고등학생은 5단계로 구성해 진행할 수 있다. 각각의 복습법은 다음과 같다.

4단계 복습법

- 1단계: 수업 직후 쉬는 시간 5분이다. 복습노트를 마련해 한쪽을 반으로 나눈다. 수업했던 내용을 빠르게 훑어본 다음 좌측면에 검정색 펜을 사용해 기억나는 내용을 학습 목표 중심으로 보지 않고 적는다.
- 2단계: 점심시간 10분이다. 만약 오전 시간에 이동식 수업 등으로 시간이 부족해 하지 못한 복습노트나 부족한 부분이 있다면 이 시간을 활용해 보충한다.
- 3단계: 잠자기 전 30분이다. 잠자기 직전에 공부하는 내용은 렘수면을 통해 장기 기억화되기 때문에 이 단계의 복습은 반드시 실행하도록 한다. 파란색 펜을 사용하는데 교과서와 필기 내용을 중

심으로 자습서를 참고하면서 복습노트 우측면에 부족하거나 중요한 내용을 작성한다.
- 4단계: 아침 자습시간 10분, 또는 등교하는 시간이다. 전날 복습한 내용을 머릿속에 떠올려본다.

이와 같은 복습법은 완전 학습 및 자투리 시간을 효율적으로 이용하여 짧은 시간 안에 자기주도학습이 가능하도록 좋은 습관을 만들어준다.

5단계 복습법

- 1단계: 쉬는 시간 5분이다. 복습노트 좌측면을 학습목표 중심으로 안 보고 작성한다.
- 2단계: 점심시간 10분이다. 복습노트 좌측면을 안 보고 작성한다 (오전에 부진한 과목).
- 3단계: 야간 자율학습 2시간이다. 그날 배운 것은 무조건 그날 끝낸다. 복습노트 우측면을 보고 작성한다.
- 4단계: 잠자기 전 30분이다. 야간 자율학습에서 정리한 것을 다시 훑어본다.
- 5단계: 아침 자습시간 10분이다. 전날 복습한 내용을 머릿속에 떠올려본다.

복습노트를 쓸 때는 항상 학습 목표를 중심으로 써야 한다. 그리고 무조건 과목별로 준비한다. 국어, 사회, 역사, 과학 이 네 과목은 복습노트를 쓰는 데 있어 그야말로 필수다.

복습노트는 100% 꽉 채워서 쓰는 것이 좋을까? 그렇지 않다. 복습노트는 아는 만큼만 쓰는 것이다. 수업 들은 내용을 100% 다 쓰려고 하면 스트레스만 받는다. 그 대신 복습노트를 쓰기 위해서는 수업시간에 집중할 수밖에 없다. 그렇다면 또 무엇과 이어질 수 있을까? 바로 예습이다. 수업시간에 집중하기 위해서는 예습을 해야 집중할 수 있다. 이렇듯 '예습-수업-복습'은 공부의 수평적인 관계를 형성하고 있다.

주말에는 복습노트를 보고 정리노트에 정리해둔다. 정리노트는 주말에 쓰는 게 있고, 시험 보기 3~4주 전에 쓰는 게 있다. 주말에 평상시 썼던 복습노트를 정리해두면 시험 때 복습노트를 보면서 부족한 부분은 참고서를 활용하면 더욱 심도 깊은 학습을 할 수 있다. 중간에 매일 복습노트를 쓰고 주말에 정리했던 아이라면 시험 공부를 할 때 시간을 단축시킬 수 있다. 과목당 두세 시간 정도 완벽하게 정리할 수 있는 것이다. 평소에 복습노트를 열심히 쓰지 않았다면 시간도 많이 걸리고 벼락치기도 어렵다. 같은 벼락치기라도 복습노트가 잘 되어 있는 아이들이 몇 배의 효과를 볼 수 있는 것이다.

복습노트(Review Note)

과목: 영어

날짜	기억내용-검정펜(안 보고 쓰기)	보충내용-파란펜(보고 쓰기)

2/5	**〈맞장구〉**
	A: I like this
	B: So do I. (I do, too)
	
	A: She is very cute.
	B: So am I. (I am, too)
	
	A: She wasn't smart.
	B: Neither was I. (I wasn't, either.)
	
	A: She didn't like cats.
	B: Neither did I. (I didn't, either.)
	
	A: I can swim well.
	B: So can I.
	
	〈시제-12개〉
	┌ 현재 – He writes a letter.
	├ 과거 – He wrote a letter.
	└ 미래 – He will write a letter.
	
	┌ 현재완료 – I have written a letter.
	├ 과거 – I had written a letter.
	└ 미래 – I will have written a letter.
	
	┌ 현재진행 – He is writing a letter.
	├ 과거 – He was writing a letter.
	└ 미래 – He will be writing a letter.
	
	┌ 현재완료진행
	├ 과거
	└ 미래
		〈현재완료〉
		- have + p.p (아직도 관련)
		1) 경험: ever, never, once, twice, many times, have been to, before
		2) 계속: for(+동안), since(~이후)
		3) 완료: already, yet, just (막~)
		4) 결과: have gone (가고 없다.)
		  have lost (잃어버려서 지금 없음)
		
		ex) I have finished the work yesterday. (X)
		                                                 ×
		
		☆ I have just finished the work.
		  I finished the work just now.
		
		〈시제일치〉
		① says – will
		  said – would
		  arrived – had left

복습노트(Review Note)

과목: 과학 (물리)

날짜	기억내용-검정펜(안 보고 쓰기)	보충내용-파란펜(보고 쓰기)

2/1	평균속력 = 총거리/총시간
	
	속력 = $\frac{S}{2} + \frac{S}{6}$
	
	$\frac{2}{5} = \frac{12}{5} = 2.4$ m/s
	
	시대변위량이 같을 때는 운동방향이 바뀌거나, V=0 있을때이다.
	
	[등속운동] 도달시간 가속도=0
	                  평균= $\frac{25\times3}{0.1\times g}$
	
	[자유낙하] 순간속도(접선긋기)
	가속도 = $\frac{km/0.1^2}{s^2}$ = 100cm/s²
	속도 = $\frac{12+7+4}{0.1\times 4}$ = 25
		〈등속〉 V₀= 처음속력, V=나중속력
		☆ $V = V_0 + at$ $2as = V^2 - V_0^2$
		   $S = V_0 t + \frac{1}{2}at^2$
		   $a = \frac{\Delta V}{\Delta t}$ (초간 변화량) m/s²
		
		〈뉴턴의 법칙〉
		① 관성법칙: 정지유지
		② 운동관성: 충격 속계, 반작용
		  가속도 = $\frac{F}{m}$ (힘)/(질량)
		  ex) [→a m]
		③ 작용 m 인력 동력일정함?
		  $a = \frac{F}{2m} = \frac{1}{2}a$
		④ 수 × 두배↑
		  $a = \frac{2F}{m} = 2a$

2/2	**〈문장구조〉**
	┌ 주성: 주어, 서술어, 목적어, 보어
	├ 부속성: 관형어, 부사어
	└ 독립성: 독립어
	
	문장 ─ 홑문장
	     └ 겹문장 ─ 이어진 문장
	              └ 안은문장 (겹이 깊어야 됨)
	              ① 명사 ② 관형절 ③ 부사
	              ④ 서술절
		먹다는 발음이 띠였다. (두 가지 뜻안됨)
		주어 보어 서술어 명형절과 부사직접수식이 2개이므로
		
		나는 밥과 국을 먹었다.
		주어 목적어 서술어
		
		→ 나는 밥을 먹었다. 그리고 국을 먹었다.
		  (겹문장 - 이어진문장)
		
		비둘기가 훨훨 춤춘다.
		관형어 주어 서술어

복습노트 작성 사례

Date.

VI. 조선 사회의 변동

핵심어

① 붕당정치의 전개와 정치 제도의 변화
- 붕당정치 전개 양상과 변성 과정을 파악할 수 있다.
- 비변사의 기능 확대와 군사제도의 변화을 알 수 있다.

— 붕당정치의 전개 붕당간 경쟁, 장희비판, 교류

— 붕당 정치의 변질 예송, 환국, 갈등·대립

— 정치 운영과 군사제도의 변화 비변사, 5군영

1. 조선 후기 정치 운영의 변화

② 영조와 정조의 개혁과 탕평책
- 탕평책이 실시된 배경을 알 수 있다.
- 영조와 정조의 개혁내용을 말할수 있다.

— 영조의 탕평책과 개혁 탕평책, 균역법

— 정조의 탕평책과 개혁 탕평책, 규장각, 장용영, 화성건설

쉬는 시간 5분 동안 안 보고 작성하기

《 조선 후기 정치 운영의 변화 》
- 학습목표 ┌ 붕당 정치의 전개 양상과 변질 과정을 말할 수 있다.
         └ 비변사의 기능 확대와 군사제도의 변화를 알 수 있다.

〈 붕당정치의 전개와 정치제도의 변화 〉

1. 붕당 정치
   = 동인 vs 서인, 남인 vs 북인
   세력이 나뉘어 서로 비판·견제·인정하여 정치했음.
   → 변질 (예송논쟁) 환국

2. - 비변사 기능 ↑↑↑
   = 의정부 대신 최고 통치기구 역할
   - 군사제도 = 5군영 체제

- 학습목표 ┌ 탕평책이 실시된 배경을 알 수 있다.
         └ 영조와 정조의 개혁 내용을 말할 수 있다.

〈 영조와 정조의 개혁과 탕평책 〉

1. 탕평책 → 영조 실시
   why? → 붕당 간 대립 완화 & 왕권 강화

2. 균역법 → 영조 실시

3. ┌ 규장각 설치 ⇒ 정조
   │ 친위부대 장용영
   └ 화성 건설

잠자기 전에 보고 작성하기

1. 붕당정치의 전개
   - 선조 : 동인 vs 서인
   - 광해군 : (남인 vs 북인) vs 서인
   - 인조 : 서인 vs 남인

2. 붕당 정치의 변질
   - 예송논쟁 (현종) : 상복 입는 기간을 둘러싼 논쟁
                     3년 vs 1년
   - 환국정치 (숙종) : 집권 붕당을 급격하게 교체하는 일
                     권력 독차지, 보복 정치 발생

3. 정치 운영과 군사 제도의 변화
   - 의정부 중심 ～ 비변사 중심
   ∴ 국방을 위한 임시 기구였으나
     붕당 정치가 정상적으로 이루어지게 된 장소
   - 훈련도감 ～ 속오법 편성
   - 5군영 : 금위영 추가 설치

4. 영조의 탕평책과 개혁
   - 탕평책 실시 : 붕당에 관계없이 고루 등용
   - 탕평비 설립
   - 균역법 실시 : 군포를 1년에 2필에서 1필로 ↓
   - 속대전, 동국문헌비고 편찬

5. 정조의 탕평책과 개혁
   - 탕평책 실시 : 노론 독점 정치 막기
   - 규장각 설치 : 자신의 정책 연구, 젊은 학자들 등용
   - 장용영 : 친위부대, 왕권강화 위한 군사적 기반
   - 화성 건설 : 정치적 이상 실현할 도시
   - 금난전권 폐지 : 상업활동 활성화
   - 동문휘고, 탁지지, 대전통편 편찬

과거 학부모들이 공부를 했던 시대에는 예습이 복습보다 4배의 효과가 있었다. 그때는 선행학습이라는 개념이 별로 없었기 때문이다. 하지만 요즘은 수학, 영어를 아주 못하는 아이들은 별로 없다. 오히려 아이들에게는 사회나 역사가 더 어려운 과목이다. 따라서 수학, 영어 말고 다른 과목을 잘해야 경쟁력이 생기고 더 좋은 성적을 받을 수 있다. 결국 '배우는' 과목보다 '익히는' 과목을 잘해야 상위권에 들어갈 수 있다는 이야기다.

익히는 과목을 잘하기 위해서는 예습과 복습시간이 중요하다. 학원에서 3시간 배우고 왔다면 집에서 최소 1시간 동안 내 것으로 만드는 과정이 필요하다. 이해에서 끝내지 말고 내용을 정리해야 하고, 완전히 이해한 후에 반복 암기해야 한다. 배운 것을 정리하는

학습 후 24시간 뒤 기억에 남는 효과

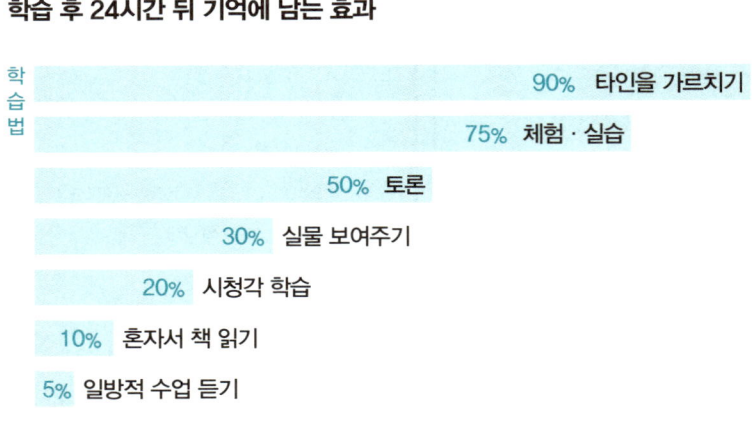

작업인 복습의 장점은 짧은 시간에 많은 공부를 할 수 있다는 것이다. 이 장점을 십분 활용해 공부의 질을 높여야 한다.

공부한 후에는 24시간이 지난 후 설명해보는 것이 좋다. 왼쪽의 그림은 미국 행동과학연구소에서 발표한 '학습 후 24시간 뒤 기억에 남는 효과'에 대한 내용이다. 일반적으로 배운 것은 5% 정도 남고, 스스로 설명을 해보면 90% 남는다고 한다.

공부의 전체 흐름을 보여주는 5단계 패턴 학습

아무리 뿌리가 견고해도 열매를 맺지 못하는 나무가 있다. 무당벌레가 나무속에 집을 지어 놓으면 나무는 영양분이 이동되는 통로인 줄기가 막혀 죽게 된다. 아이들의 공부도 마찬가지다. 뿌리가 튼튼하다고 자신해도 공부의 줄기인 공부 방법이 제대로 관리되어 있지 않으면 좋은 결과를 얻지 못한다.

많은 학생들이 어떻게 시작해서 어떻게 끝내야 하는지 모른 채 두서없는 공부를 하고 있다. 그렇기 때문에 가지고 있는 능력에 비해 결과가 만족스럽게 나오지 않는 '고비용 저효율' 공부를 하게 되는 것이다. 공부의 시작과 끝을 정확히 알아야 '저비용 고효율' 공부를 할 수 있다. 공부의 전체 흐름을 파악하면서 전체를 보고,

배움은 우연히 얻어지는 것이 아니라
열정을 다해 갈구하고
부지런히 집중해야 얻을 수 있는 것이다.

— 애비게일 애덤스 Abigail Adams

그 다음에 부분을 연결하면서 다시 전체를 만드는 공부법이 필요하다. 꼼꼼하고 신중한 성격의 학생들이 부분에만 집중하고 전체를 보지 못해 성적 향상에 어려움을 겪는 경우가 많다. 반대로 공간지각력이 높은 학생들은 숲만 보려 하기 때문에 부분을 놓치게 된다. 즉 전체를 보는 것도 중요하고 부분을 살피는 것도 필요하다. 전체를 보고 부분을 파악한 뒤 다시 한 번 전체를 살피는 과정이 이루어져야 학습의 효율이 높아진다. 학습 코칭에서 가장 핵심이라고 할 수 있는 5단계 패턴 학습을 통해 내 아이가 가진 공부 방법의 문제점을 파악하고 고칠 수 있도록 노력해보자.

1단계 - 전체보기(목차 학습)

우리가 여행을 떠날 때 가려고 하는 곳의 지도를 보는 것이나 미술에서 스케치를 그리는 것처럼 학습에서도 제일 먼저 할 일은 전체의 흐름을 잡는 것이다. 전체의 흐름을 잡을 수 있다면 공부의 절반은 끝난 셈이다. 전체를 보지 못하면 부분 간의 연결고리를 찾을 수 없다. 전체보기는 새로운 지식을 기존 지식에 연결시킬 수 있도록 만드는 과정이다.

전체보기(목차 정리) 방법

전체보기는 공부할 내용의 흐름을 파악하는 것이다. 가장 먼저 대단원, 중단원, 소단원, 제목 간의 연결고리 및 학습목표와 소단원의 관계 흐름을 파악해야 한다. 다음은 목차를 읽는다. 목차 속에는 교과서의 제작 의도와 목표, 구성 등에 대한 설명이 담겨 있기 때문에 전체를 파악하는 데 도움이 된다.

공부는 항상 큰 그림을 먼저 그려야 한다. 그런 뒤에 부분적인 것을 어떻게 채울지 알아나간다. 공부에 뼈대를 세우고 살을 붙이는 작업은 일단 흐름과 맥을 잡고 꿰뚫어야 가능하다.

전체보기는 메타인지학습으로 내가 아는 것과 모르는 것을 파악하고 어떻게 공부해야 할지 방향성을 잡아주기 때문에 학년이 올라갈수록 더욱 중요시된다.

이제 본격적으로 전체보기표를 작성하며 목차를 정리해보도록 하자.

① 대단원, 중단원, 소단원, 제목과의 관계를 파악하여 전체 흐름을 살펴본다.
② 학습목표가 중단원에 있는지 소단원에 있는지 확인한다.
③ 학습목표가 중단원에 있으면 중단원과 소단원의 관계가 중요하고, 소단원에 있으면 소단원과 제목 간의 관계가 중요하다.
④ 그림, 도표, 사진을 보면서 그 안에 어떤 내용의 글이 나와 있을지 상상해본다.
⑤ 중단원, 소단원, 제목을 오른쪽 그림과 같이 표로 나타내보자.

전체보기표: 예습

전체보기표: 복습

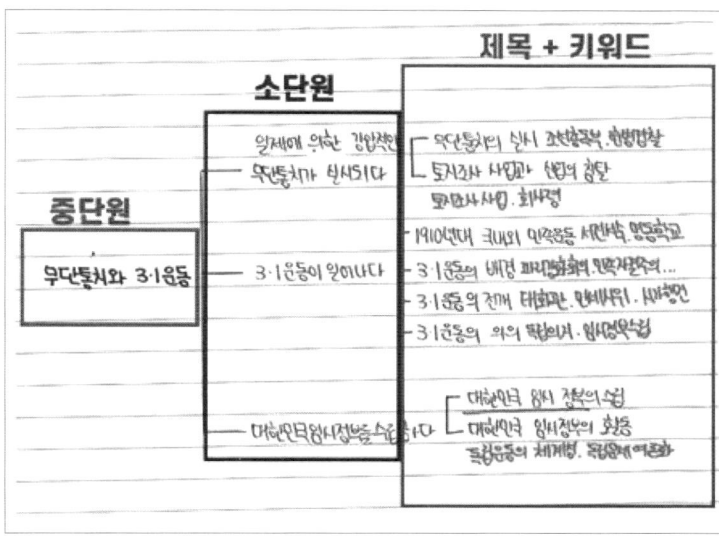

전체보기표를 작성했다면 복습노트 앞에 붙인다. 복습노트의 맨 앞에는 항상 전체보기표가 붙어 있어야 한다. 매일 정리한 복습노트는 주말에 다시 한 번 정리하게 되는데 이때 전체보기표를 한 번만 훑어보아도 머리에 쏙쏙 들어올 것이다.

앞에서 설명했듯, 복습의 원리는 '즉시 공부할 것, 그날 공부할 것, 자주 공부할 것' 이 세 가지다. 복습은 짧은 시간에 해야 한다. 만약 10분 이상 복습을 한다면 시간을 더 줄여야 한다. 학교에서 수업시간 전에 예습을 했고, 그날 수업을 집중해서 들었다면, 복습은 5분 정도면 충분하다. 그리고 자기 전에 30분 정도 해주고, 주말에 다시 한 번 봐주면 완벽하다. 여기서 말하는 복습노트는 국어, 사회, 과학, 역사를 말한다.

수학과 영어는 평상시에 공부해야 한다. 수학 선행학습은 학원에서 배우는 시간 곱하기 3배를 할애해야 한다. 학원에서 5시간 배웠다면 15시간을 공부해야 완전히 자기 것으로 소화된다. 학교에서 아직 배우지 않은 것을 공부하는 것이기 때문이다. 물론 쉽지 않은 시간이다. 어쨌든 공부가 제대로 되려면 최소한 2시간 이상은 스스로 학습하는 시간이 있어야 한다.

예습에서도 가장 앞 단계에 해야 할 일이 바로 전체보기다. 잊지 말자. 공부는 전체보기로 시작해서 전체보기(마무리)로 끝난다. 그러한 시스템을 피부로 느끼고 습관으로 정착된다면 통합적인 사고가 생기면서 공부를 잘할 수 있는 기본기가 완성될 것이다.

2단계 – 교과서 읽기(개념 이해)

책을 읽으면 무엇을 얻을까?

5단계 패턴 학습의 2단계는 '교과서 읽기'다. 교과서에는 공부를 이해하는 과정 및 흐름이 고스란히 녹아 있다. 또 교과서를 잘 보아야 전체보기표도 알맞게 작성할 수 있다.

요즘 아이들은 교과서 읽기를 어려워한다. 그 이유는 우선 읽기 능력의 부족에서 찾을 수 있고, 또 교과서의 중요성을 간과하는 데서도 찾을 수 있다. 읽기 능력이란 글을 읽고 이해함으로써 핵심을 파악해낼 수 있는 능력이다. 이 능력이 부족하면 자연히 학습 능력도 떨어지게 된다. 읽기 능력이 곧 이해력과 핵심 파악 능력인데 이것이 제대로 되지 않는다면 글에 대한 이해와 핵심 파악이 이루어지지 않고, 문제를 해결할 수 없기 때문이다. 그렇기 때문에 읽기 능력이 부족한 아이는 반드시 교과서를 통한 읽기 훈련이 더욱 필요하다.

읽기 능력은 학습 능력 중 가장 먼저 갖춰야 할 능력으로, 효과적인 교과서 읽기를 통해 향상시킬 수 있다. 교과서 읽기를 통해 개념을 이해하는 것이다. 개념 이해를 못하는 경우엔 노트필기에 연연할 것이 아니라 읽기 능력, 독서력을 향상시켜 이해력과 분석력을 키우는 훈련을 해야 한다. 글을 읽고 이해할 수 있어야 노트 정리도 가능하기 때문이다. 교과서와 친해지는 훈련은 앞으로 상위권으로 올라가기 위해서 가장 필수적인 과정이다.

그런데 요즘 많은 학생들은 교과서를 학교에 두고 다닌다. 그렇게 되면 시간표를 챙기지 않는 버릇이 들고 집에서 미리 교과서를 읽어보지도 않는다. 예습에 소홀해질 수밖에 없다는 것이다.

우선 읽기 능력을 향상시키는 방법을 배우기 전에, 먼저 독서의 중요성에 대해 살펴보자. 아이가 책을 읽으면 과연 무엇을 얻을 수 있을까?

독서에 대한 중요성은 많은 부모가 인지하고 있지만 교과목에 집중하다 보면 가장 놓치기 쉬운 부분이기도 하다. 하지만 앞으로의 입시는 성적 시대가 아니다. 아이의 인성과 역량을 종합적으로 판단하는 시대에서 독서의 중요성은 굳이 구구절절 설명할 필요가 없다. 우리가 흔히 생각하듯 사고를 잘하고 글을 잘 쓰고 말을 잘하기 위해서가 아니라 다른 과목을 제대로 공부하기 위해서도 독서력, 즉 읽기 능력은 가장 기본이 되는 기초 공사다. 또한 독서력은 하루아침에 습관화되거나 쌓이는 것이 아니라 천천히 자기도 모르게 오랜 세월 축적되는 것이다. 나중에 공부 다 끝난 후 시간이 될 때, 논술을 준비할 때 바짝 준비하는 성질의 것이 아니라는 것이다.

그렇다고 '내 아이는 이미 늦은 것 아닐까? 어려서부터 시켰어야 했는데…' 이런 고민에 빠질 필요는 없다. 지금이라도 늦지 않았다. 그런 만큼 더 많이 신경 쓰고, 챙겨주면 된다.

미국 소설가 마크 트웨인은 '당신에게 가장 필요한 책은 당신을 가장 많이 생각하게 하는 책이다'라고 했고, 영국의 사상가 에드먼드 버크는 '생각하지 않고 읽는 것은 씹지 않고 식사하는 것과 같다'고 했다. 책을 읽음으로써 얻을 수 있는 생각의 깊이에 관한 명언이다.

볼테르는 '아무리 유익한 책이라도 그 절반은 독자 스스로 만들어간다'며 읽는 주체가 변화할 수 있음을 강조했다. 이 말의 의미는 책을 읽으면서 최종 목표를 '자기화'에 두어야 한다는 것을 말한다. 즉 책의 내용을 반드시 내 것으로 만들겠다는 의지를 가져야 한다는 것이다. 예를 들어 아이가 직접 선생님이 되어 친구나 형제, 부모를 앉혀두고 가르쳐보는 것도 괜찮다. 그렇게 하면 내용이 보다 확실하게 이해가 된다. 남을 가르치려면 그만큼 나 자신이 내용을 잘 이해하고 있어야 하기 때문이다. 조금 약한 과목이 있을 때 이 방법을 쓰면 완전히 자기 것이 된다.

소크라테스는 '남의 책을 읽는 데 시간을 보내라'고 했다. 다른 사람이 먼저 익히고 정리한 내용으로 쉽게 지식을 얻을 수 있다는 말인데, 가령 자서전을 읽으면 아이의 나이에는 쉽게 체험할 수 없는 일들을 간접적으로 겪어볼 수 있게 된다. 물론 경험적 지식은 매우 중요하다. 뇌에 완전히 각인이 되는 산지식이기 때문이다. 하지만 아직 어린 나이에는 직접적인 체험을 하기 힘들다. 아직 다양한 환경에 처해보지 않은 어린 학생들은 책을 통해 간접으로라도 배워야 한다. 이처럼 독서에 관한 격언들을 살펴보면 심도 깊은 읽기의 중요성을 잘 알 수 있다.

책을 잘 읽으면 학습적인 면에서는 동기부여가 되고, 집중력을 길러준다. 인성적인 면에서는 건강한 생각과 가치관을 형성하도록 도와 인생의 나침반 역할을 해준다. 아이들이 교과서를 잘 읽어서 당장의 성적을 올리는 것도 중요하지만, 독서는 그보다 더한 효용성을 준다. 그래서 나는 자라나는 아이들에게 많은 생각을 할 수 있는 책을 권한다. 바로 '고전'이다. 철학, 과학, 역사, 문학 등의 고전은 아이들의 생각의 넓이와 깊이를 넓혀준다.

3단계 – 재배열(개념 정리)

인지 능력은 반복학습을 통해 이루어진다

공부는 이해하는 것으로 끝나지 않는다. 배우고 이해한 것을 기억하고 암기해 다시 꺼내 쓸 수 있는 상태로 만들어야 완성된다. 이해에서 암기로 가는 중간 단계, 학습의 구조화 단계가 바로 5단계 패턴 학습 중 3단계 재배열, 즉 노트정리다.

이때의 노트정리는 보고 베끼기 식의 노트정리가 아닌, 지식을 나만의 것으로 재배열하고 구조화해 나만의 복습노트, 정리노트를 만드는 것이다. 이 단계는 자기주도학습에서 가장 중요한 과정임에도 불구하고 대부분의 학생들이 올바른 노트정리법을 모르거나 어렵고 귀찮게 생각해서 이 과정을 생략하고 있다.

앞서 계속 강조했지만 모든 공부는 5단계 패턴 학습으로 이루어진다. 특히 상위권으로 가기 위해서는 반드시 3단계까지 시간과 노력을 투자해야 한다. 3단계까지가 바로 공부의 과정이기 때문이다.

학습을 체계화, 조직화, 구조화하는 재배열은 인지 능력을 말한다. 심리학적으로 보면 0세부터 8세까지 발달되는 것이 심리, 정서적인 부분이다. 그리고 초등학교 2학년부터 4, 5학년까지 발달하는 것이 인지 능력이다. 인지 능력은 사고하는 능력인데 뇌에 학습을 구조화하고 체계화하는 방이 만들어지는 것이다. 그리고 초등학교 6학년 이후에 발달되는 것이 창의적, 활동적 학습이다.

그런데 우리나라 부모들은 인지 능력을 간과하는 경향이 있다. 뇌에 하나하나 방을 만들려면, 즉 인지 능력이 생기려면 무조건 반복학습을 해야 한다. 반복하지 않으면 인지 능력이 생기지 않는다. 반복학습이 이루어지지 않으면 자연스럽게 정리도 되지 않는다. 인간의 뇌는 정리하는 것만 기억한다. 그래서 재배열이 중요한 것이다. 재배열을 하고 안 하고의 차이가 상위권으로 갈 수 있는지, 중위권에 머무를 것인지를 결정한다.

그렇다면 재배열과 가장 밀접한 관련을 맺고 있는 과목은 무엇일까? 바로 수학과 국어다. 그중에서도 특히 수학이 절대적이다. 인지 능력을 키워주는 반복학습의 가장 대표적인 과목이기 때문이다. 수학과 국어에서 좋은 성적을 내는 아이들은 조직하는 능력이 뛰어나다. 조직화, 구조화, 체계화하는 능력은 수학에서 훨씬 더 발휘된다.

이러한 인지 능력은 초등학교 5학년 때까지 발달된다. 그렇기 때문에 심지어 '교육은 초등학교 5학년 때 다 끝난다'고 말하는 사람도 있다. 인지 능력이 형성되는 시기인 만큼 그 말이 아주 의미가 없는 것은 아니다. 그만큼 중요한 시기라는 말이다.

이러한 인지 능력이 효과를 발휘하는 시기는 바로 중학교 때다. 초등학교 때 습관을 잘 들인 아이들은 중학교, 고등학교에 가서도 어렵지 않다. 재배열이란 꺼낼 수 있는 지식으로 변환하는 작업이다. 아이가 머릿속으로 스스로 정리하고, 자신만의 방법으로 다시 꺼낼 수 있어야 한다. 그런데 수학은 재배열이 쉽지 않은 과목이다.

그러므로 진정한 재배열 능력은 수학에서 발휘되고, 비로소 학습적인 결과를 얻을 수 있다.

인간은 정리가 안 된 혼돈 상태인 엔트로피entropy 상태에서 태어나는데, 이러한 무질서 상태에서 네트로피netropy, 즉 질서화, 조직화, 정보 체계화하는 것이 바로 독서다. 독서와 수학은 학습에 있어 굉장히 중요한 영역이다. 국어는 질서화하고, 수학은 구조화한다. 이 두 가지가 갖춰진 아이들이 정말 공부를 잘하는 아이들이다. 구조화 능력이 있는 아이들은 상위권으로 도약할 수 있지만, 최상위권에 들어가는 아이들은 질서화 능력이 뛰어난 아이들이다. 따라서 수학을 잘하면 상위권에 올라갈 수 있지만, 최상위권이 되려면 국어가 더 중요하다.

Ⅲ. 태양계의 이해

- 지구의 모양과 크기 중심각 : 호의길이 = 360° : 지구의 둘레
- 달의 모양과 크기 달의 바다, 달의 고지 다 : L
1. 지구와 달의 운동
- 지구의 자전 별의 일주운동, 자전축경사으로 하루1바퀴
- 지구의 공전 태양의 연주운동, 별의 시차 현상
- 달의 운동과 모양변화 향향을 사양을
- 달의 모양변화와 원리생활 기조, 달의위상과 걱차

1) 지구의 모양과 크기

1. 지구의 모양
  ① 고대인들의 지구모양에 대한 생각 : 지구가 평평하며 수평선너머 절벽이 존재
  ② 지구가 둥근 증거
  ㄱ. 월식 때 비친 지구의 그림자
     "지구의 그림자가 둥글다"
     : 월식 때 태양-지구-달이 일직선위에 놓여 지구의 그림자에 의해 달이 가려지는 현상
  ㄴ. 항구로 들어오는 배는 돛대부터 보인다
  ㄷ. 북극성의 고도가 위도에 따라 다르다
     ↓   ↓   ↓ ↓ ↓
     북극성의 방향   북극성의 방향
       B
     A   C   A B C
     적도   적도   북극

2. 마젤란의 세계일주항로
3. 인공위성이나 우주선에서 찍은 지구 사진

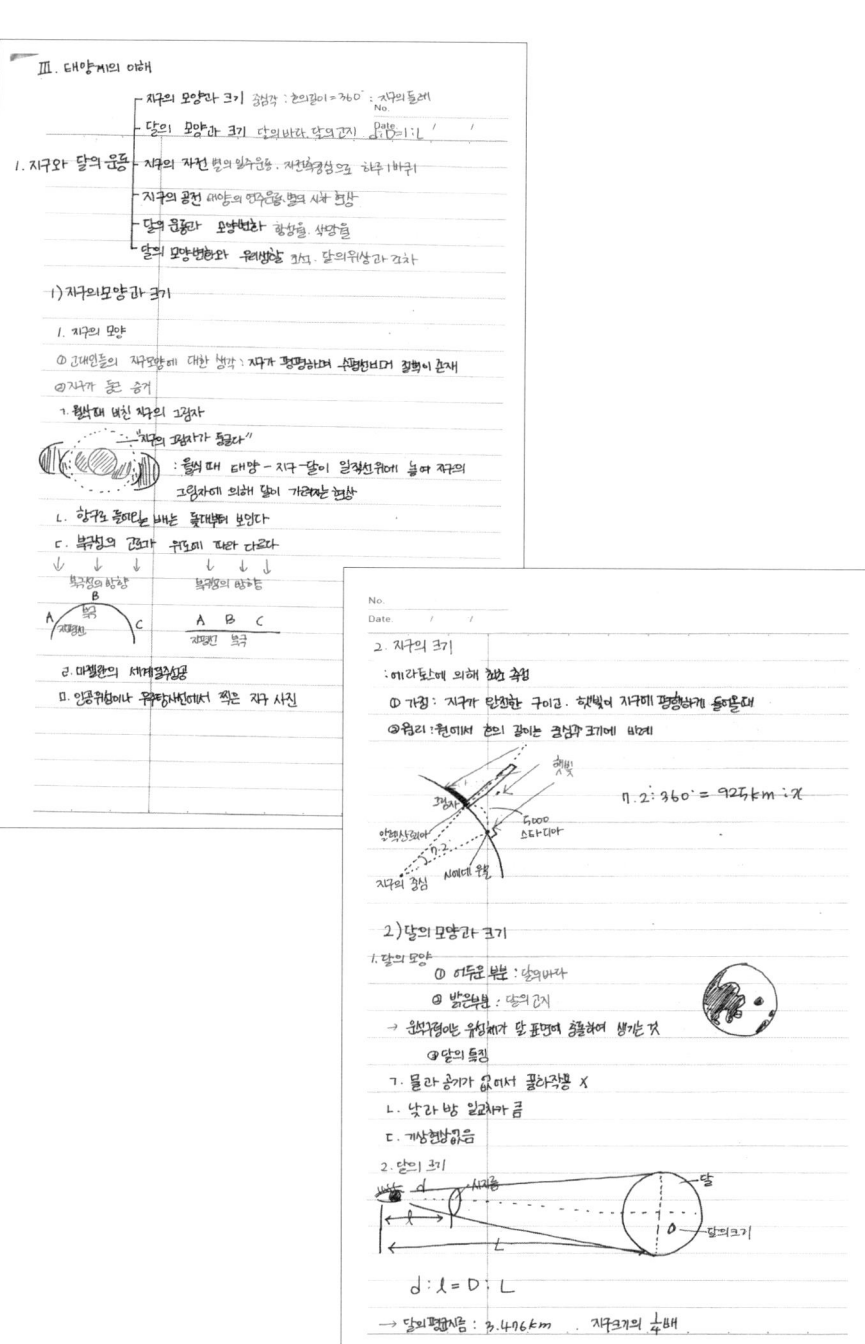

2. 지구의 크기
  : 에라토스테네스에 의해 최초 측정
  ① 가정 : 지구가 완전한 구이고, 햇빛이 지구에 평행하게 들어올때
  ② 원리 : 원에서 호의 길이는 중심각 크기에 비례

  7.2 : 360° = 925km : x

2) 달의 모양과 크기

1. 달의 모양
  ① 어두운 부분 : 달의 바다
  ② 밝은부분 : 달의 고지
  → 운석구덩이는 유성체가 달 표면에 충돌하여 생긴 것
  ③ 달의 특징
  ㄱ. 물과 공기가 없어서 풍화작용 X
  ㄴ. 낮과 밤 일교차가 큼
  ㄷ. 기상현상없음

2. 달의 크기

  $d : l = D : L$

  → 달의 평균지름 : 3,476km 지구크기의 $\frac{1}{4}$배

아이의 기억을 지배하는 기록, 노트필기

　기록은 기억을 지배한다는 말이 있다. 그만큼 기록이 중요하다는 말이다. 공부하는 학생들에게도 마찬가지다. 학생들의 기록은 노트필기다. 노트필기는 그 쓰는 행위 자체만으로도 심리적 안정감을 주고, 자신의 언어로 표현해 적기 때문에 더 쉽게 이해할 수 있게 해준다.

　손은 제2의 뇌다. 손으로 쓰면 더 오래 기억할 수 있다. 뇌와 연결된 뇌세포는 손과 얼굴과도 연결이 되어 있다. 그래서 어렸을 때 신체 마사지를 해주거나 자주 웃으면 뇌가 발달한다. 젓가락을 많이 쓰는 동양 사람들이 머리가 좋은 이유도 손을 많이 사용하기 때문이다. 주변에서 보면 피아노를 잘 치는 아이들이 머리가 좋은 경우도 많다. 공간지각력이 높은 아이들이 기본적으로 머리가 좋은데, 만약 반복학습이 이루어지지 않으면 그냥 머리만 좋게 되는 것이므로 머리가 좋아도 성실하게 학습해야 한다.

　노트필기는 시험 시간에 학습량을 줄여주는 역할도 한다. 그리고 자기주도적인 공부습관을 길러주는 데도 좋다. 학습 내용을 자기 스스로 정리해 기록해두는 것이기 때문에 학생들에게는 공부와 시험에 필요한 자료를 스스로 만드는 것이며, 동시에 배운 내용을 자기 것으로 만드는 과정이기도 하다.

　그밖에도 노트필기를 통해 아이들이 얻게 될 가치는 많다. 우선 노트필기가 생활화되어 있으면 공부를 열심히 했고, 아는 걸 정리했다는 자신감이 생기기 때문에 모든 과목에 적극적으로 임할 수 있다. 그리고 스스로 정리하는 습관을 통해 비판적, 체계적으로 사고할 수 있다. 또한 교과서에서 제시하는 것 이상의 학습이 이루어질 수 있고, 복습의 기회도 제공해준다. 효과적인 노트필기법 훈련은 기억, 학습, 진학 및 취업 등 삶의 여러 영역에서 유용한 자원이 될 수 있다.

이처럼 노트필기는 공부하는 학생들의 학습의 깊이를 더해주는 역할을 하는데, 3단계 재배열에서 노트필기가 필수적인 요소인 이유는 반복 횟수를 늘려 개념을 암기하고 이해하는 단계이기 때문이다.

노트필기를 잘하려면 먼저 경청하는 습관을 들여야 한다. 그렇다면 경청하는 습관은 어떻게 들일 수 있고, 어떻게 하면 좀 더 효과적으로 들을 수 있을까?

먼저 예습을 통해 새롭게 배울 학습 내용과 중요 개념에 대해 생각해보고 수업에 임한다. 그래야 전체적 파악이 가능하기 때문이다. 그리고 되도록 선생님이 잘 보이고 수업 내용을 잘 들을 수 있는 자리에 앉는다. 그리고 긍정적인 태도와 마음으로 수업에 임한다. 수업을 집중해서 듣고, 특히 수업이 시작된 직후와 끝날 무렵 선생님의 말씀에 귀기울인다.

토론식 수업을 할 때는 질문과 답변에 적극적으로 참여해 긴장감을 놓지 않는다. 수업시간에 노트필기를 위한 단기 목표를 정하면 좋은데 예를 들면 '핵심어 빠뜨리지 않고 적기' 등 자신이 직접 꼭 지켜야 할 목표를 정해본다. 수업 중에는 답을 얻을 수 있는 몇 가지 질문을 미리 생각해두는 것도 방법이다. 그러면 더욱 집중해서 듣게 된다. 새로운 학습 내용은 이미 자신이 알고 있던 지식과 관련지어 생각하는 습관을 가진다. 마지막으로 노트필기는 한 번에 그치는 것이 아니라 지속적으로 하는 습관을 들이도록 한다.

나만의 노트를 만들면!
① 스스로 정리하는 습관이 생긴다.
② 두뇌가 개발되고 기억력이 좋아진다.
③ 문장력이 생기면서 서술, 논술 능력이 자연스럽게 준비된다.
④ 철저한 시험 대비로 성적이 오른다.

노트의 단계와 정리노트

재배열에서 중요한 '이해'와 '암기'는 항상 같이 가는 관계다. 이해가 없는 암기는 금세 잊어버리고, 암기가 없는 이해는 결코 있을 수가 없으며 있더라도 겉핥기식 이해일 뿐이다. 이해와 암기는 항상 동반되어야 한다.

그런데 공부를 하다 보면 하나만 하고 끝내는 아이들이 있다. 이런 경우 점수가 잘 나오지 않는다. 어떤 아이들은 이해만 하고 암

3) 지구의 자전

① 지구의 자전 : 지구가 자전축을 중심으로 서→동으로 이동하는 현상
② 천체의 일주운동
  천체는 동→서로 이동 (1시간에 15°)

  ㄱ. 천구
    → 둥근 거대한 가상의 구
  ㄴ. 천구의 북극 남극
    → 지구가 자전하는 금산축을 연장하여 천구와 만나는 두점
  ㄷ. 천구의 적도
    → 지구의 적도를 연장하여 천구와 만나는 원, 천구의 정오진점

③ 별의 일주운동 : 지구의 자전으로 하늘의 별들이 회전하는 현상

  북쪽하늘   동쪽하늘   남쪽하늘   서쪽하늘

④ 태양의 일주운동
  지구의 자전으로 인해 매일 태양은 동→서로 진다.

4) 지구의 공전

① 지구의 공전 : 지구가 태양을 중심으로 서→동으로 일년에 한바퀴 회전하는 현상이다.
② 증거 : 시차현상
③ 공전으로 나타나는 현상
  ㄱ. 태양의 연주운동 : 지구의 공전으로 태양이 일년주기로 천구를 서→동으로 한바퀴 돈 것처럼보임
  ㄴ. 계절변화 : 지구가 공전할 때 기울어진 자전축에 의해 길이에따라 태양고도가 달라져서 계절변화가 일어난다

5) 달의 운동과 모양변화

① 달의 공전 : 달이 한달에 한바퀴씩 지구 둘레를 회전하는 운동
② 달의 공전과 위상 변화 : 삭→상현→망→하현
③ 항성월과 삭망월
  ㄱ. 항성월 : 달이 천구상의 어느별자리를 지나 다시 제자리로 오는 데 걸리는 약 27.3일의 시간이다.
  ㄴ. 삭망월 : 삭에서 다음삭 또는 망에서 다음 망까지 걸리는 시간으로 약 29.5일이다.

6) 달의 모양변화와 우리생활

① 조석 : 밀물과 썰물에 의해 해수면의 높이가 변하는 현상으로, 달의 공전과 관련
② 달의 위상과 감책 : 달의 위상이 망이나 삭일 때는 감책가크고 달의 위상이 상현이나 하현일 때는 감책가 작다

기하지 않은 채 넘어가고, 어떤 아이들은 이해 없이 암기만 하기도 한다. 어떤 것이 더 우선일까?

이해와 암기가 같이 이루어져야 정답이지만 그중에서도 암기가 먼저 되면 좋다. 암기를 하다 보면 이해가 잘 되지만 이해를 먼저 하면 암기가 부족할 수 있기 때문이다. 또한 과목에 따라 다를 수 있다. 수학과 과학처럼 개념이 중요한 과목은 이해가 먼저되어야 하고, 역사와 사회 같은 과목은 암기가 우선시되어야 효과적으로 학습할 수 있다.

암기력과 가장 밀접한 학습 영역은 수리 영역이다. 수리력과 암기력은 거의 동일시된다. 그래서 수학 잘하는 아이들이 계산이 빠르고 암기력도 좋다. 하지만 수리력이 낮아도 암기력과 비슷한 기억력은 올라갈 수 있다. 수리력이 낮으면서 공간지각력이 높은 아이들은 순간적인 기억력은 좋다. 그러나 암기력은 장기 기억력을 이야기하는 것이다. 그래서 암기가 제대로 되려면 수학을 잘해야 한다.

노트의 단계

이해 → 정리 → 기억

이해	정리	기억
전체보기 / 교과서 읽기	전체보기표 (수업 전) / 복습노트 (수업 후, 잠자기 전) / 정리노트 (주말)	문제 풀이 / 반복 암기

왼쪽 그림과 같이 노트의 단계는 이해, 정리, 기억이다. 전체보기와 교과서 읽기로 이해를 했다면, 복습노트와 정리노트를 통해 학습을 정리해야 한다. 그리고 문제풀이, 반복 암기를 통해 장기 기억으로 저장해야 비로소 공부가 완성된다. 여기서 복습노트와 기억 사이에 들어가는 것이 정리노트다. 최종적으로 기억하고, 문제를 해결한 후 반복 암기하면 된다. 따라서 공부의 과정 중에서도 플래너와 복습노트, 정리노트는 절대적이라고 할 수 있다. 이것들을 하지 않으면 절대로 성적이 올라가지 않는다. 오히려 학년이 올라갈수록 상위권 아이들과 격차가 벌어질지도 모른다. 앞서 복습노트에 대해서는 다뤘으니, 여기서는 정리노트에 대해 살펴보기로 하자.

정리노트는 시험 4주 전에 작성을 시작한다. 시험용 노트는 한 권 정도 별도로 준비해 사용하면 좋다. 교과서에 표시한 내용과 복습노트 위주로 정리를 한다. 정리노트는 그야말로 나만의 자습서다. 나의 생각과 나만의 말로 공부한 것을 재배열하는 과정이다. 그렇기 때문에 내가 이해할 수 있고, 보기 쉽도록 정리하는 것이 중요하다.

글의 종류에 따른 노트필기의 다양한 형태

공부의 방법에서 학습의 원리보다 중요한 것은 도구 사용이라고 했다. 특히 스스로 정리하는 노트의 중요성은 아무리 강조해도 지나치지 않다. 노트를 작성할 때 재배열하는 방법을 익힐 수 있는 맵핑법 세 가지를 소개한다.

① 기본적 맵핑법(지도법)

기본적 맵핑법은 순서나 위계와 관계없이 주제별로 간략하게 정리하는 것이다. 주요 제목, 소제목, 세부 사항을 그림으로 그린다. 그림을 그리면 시간이 지나도 머릿속에 그 그림이 남아 있기 때문에 잊어버리지 않고 연상이 된다. 기본적 맵핑법은 쉬우면서도 정리가 되는 방법이다.

기본적 맵핑법의 발문

> **순물질과 혼합물**
>
> 우리 주변에 있는 대부분의 물질은 여러 가지 물질이 섞여 있는 것이 많다. 우유에는 물과 단백질, 지방 등이 섞여 있고, 우리 주변의 공기에도 눈에 보이지 않지만 질소, 산소 등 여러 가지 물질이 섞여 있다. 이때 한 종류의 물질로 이루어진 물질은 순물질이라고 하고, 두 종류 이상의 순물질이 본래의 성질은 변하지 않고 단순히 섞여 있는 물질은 혼합물이라고 한다.
>
> 순물질은 소금, 설탕, 물과 같은 물질로, 한 종류의 원소로 이루어진 것도 있고 두 종류 이상의 원소로 이루어진 것도 있다. 금, 구리, 다이아몬드, 산소 등은 한 종류의 원소로 이루어진 순물질이고 물, 소금, 이산화탄소, 에탄올 등은 두 종류 이상의 원소로 이루어진 순물질이다.
>
> 혼합물은 소금물과 같은 물질로 공기, 소금물, 설탕물, 합금과 같이 성분 물질이 고르게 섞여 있는 균일 혼합물과, 흙탕물이나 암석처럼 성분 물질이 고르지 않게 섞여 있는 불균일 혼합물이 있다.

기본적 맵핑법의 예시

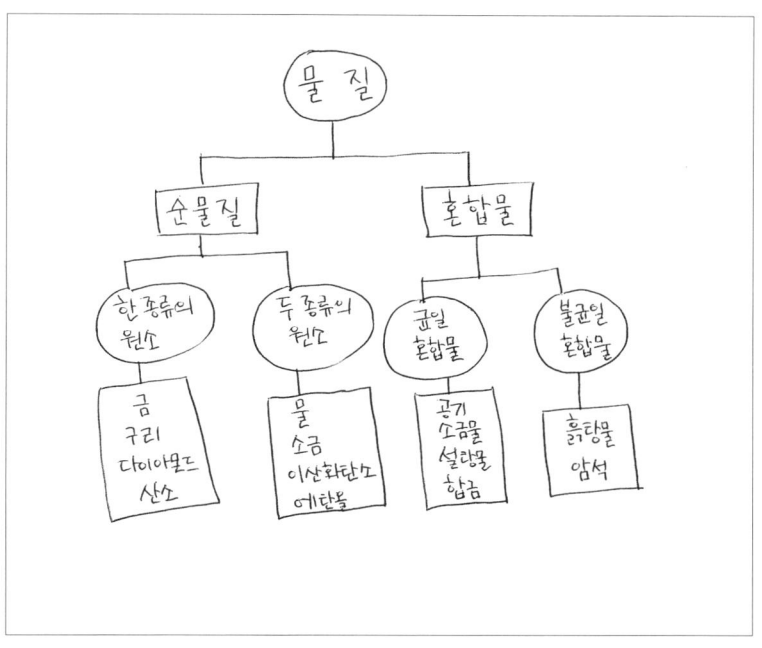

② 수직형 맵핑법(폭포수법)

수직형 맵핑법은 개념 간의 크기와 단계가 분명해서 각 단계를 수직으로 나열해 기술하는 것을 말한다. 주요 제목과 그에 해당하는 주요 내용 → 그에 해당하는 세부 내용 → 그 세부 내용에 해당하는 보다 자세한 내용 순으로 정리한다. 한쪽으로만 세분화되어 내려오기 때문에 기본적 맵핑법보다는 어렵다. 내용을 제대로 파악하고 있지 않으면 약간 어려움을 느낄 수도 있는 맵핑법이다.

수직형 맵핑법의 발문

국민의 권리를 보호하는 법원

개인이 억울한 일을 당하였다 하여 그 일을 스스로 해결하려 하면 힘이 센 자가 지배하는 무질서한 사회가 될 것이다. 따라서 사람들 사이에 다툼이 있는 경우에 법에 따라 판결을 내려 사회 질서를 유지하는 것이다. 법원의 종류에는 헌법재판소(헌법에 관한 다툼의 해결), 대법원(3심), 고등법원(2심, 특허법원), 지방법원(1심, 가정법원, 행정법원) 등이 있다. 우리나라의 법원 제도는 1895년 재판소구성법이 생기면서 시작되었다. 이후 유럽과 미국 등 여러 나라의 근대적 재판 제도를 당시 실정에 따라 변형하여 수용한 것이다.

재판의 종류로는 민사 재판(개인 간의 문제 해결을 위한 재판), 형사 재판(사회질서를 유지하는 재판), 행정 재판(국가를 상대로 보상을 청구하는 재판), 가사 재판(가정 문제를 다루는 재판), 헌법 재판(헌법에 관한 쟁의를 사법적 절차에 따라 해결하는 법률 행위) 등이 있다. 공정한 재판을 위한 제도로 삼심제도, 삼권 분립이 있다. 1심 재판에서 2심 재판으로 상소하는 것을 항소, 2심 재판에서 대법원으로 상소하는 것을 상고라 한다.

수직형 맵핑법의 예시

법원
법에 따라 판결을 내림 / 사회질서를 유지함
↓
법원의 종류
① 헌법재판소 : 헌법에 관한 다툼해결
② 대법원 : 3심   ③ 고등법원 : 2심   ④ 특허법원
⑤ 지방법원 : 1심, 가정법원, 행정법원
↓
우리나라의 법원제도
1895년 재판소구성법이 생기면서 시작 / 여러나라의
근대적 재판 제도를 변형하여 수용
↓
재판의 종류
① 민사 : 개인간의 문제해결을 위한 재판
② 형사 : 사회질서를 유지하는 재판
③ 행정 : 국가를 상대로 보상을 요구하는 재판
④ 가사 : 가정의 문제를 다루는 재판
⑤ 헌법 : 헌법에 관한 쟁의를 사법적 절차에 따라 해결하는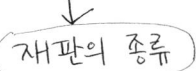
↓
공정한 재판을 위한 제도
① 삼심제도 / ② 삼권분립
↓
항소와 상고
① 항소 : 1심 재판에서 2심 재판으로 상소
② 상고 : 2심 재판에서 대법원으로 상소

③ 수평형 맵핑법(화살법)

수평형 맵핑법은 개념 간의 크기나 위계가 비슷한 주제가 다양하게 제시되어 있는 글에서 사용한다. 주요 개념(주제) → 포함된 소제목 및 내용 → 세부 사항으로 정리한다. 먼저 주요 개념, 즉 주제와 소제목의 내용을 스스로 쓰고 정리해야 한다. 그 후 단락별로 끊어 내용을 써야 한다.

수평형 맵핑법의 발문

혈액

혈액은 세포 성분인 적혈구, 백혈구 및 혈소판과 액체 성분인 혈장으로 구성되어 있다. 적혈구에는 헤모글로빈이라고 하는 붉은 색소가 들어 있다. 헤모글로빈은 산소가 많은 곳에서는 산소와 쉽게 결합하고, 산소가 적은 곳에서는 산소와 잘 떨어지는 성질을 지니고 있다. 따라서 혈액이 산소가 풍부한 폐를 지날 때 산소와 결합하였다가 산소가 적고 이산화탄소가 많은 조직 세포에 이르면 산소를 떼어 놓음으로써 산소를 운반해주는 역할을 한다. 백혈구는 핵을 가지고 있으며 아메바 운동을 하는 세포로 식균 작용을 한다. 우리 몸에 세균과 같은 병원체가 침입하면 혈액 속의 백혈구의 수가 빠르게 증가한다. 이들 백혈구는 병원체가 침입한 부위로 몰려들고 병원체를 공격하여 잡아먹는다. 혈소판은 일정한 모양이 없고 적혈구보다 작으며, 몸에 상처가 나서 혈액이 혈관 밖으로 나왔을 때 혈액을 굳게 하여 출혈을 막아준다. 혈액에서 적혈구, 백혈구 및 혈소판과 같은 혈구를 제외한 나머지 액체 성분을 혈장이라고 한다. 혈장은 대부분이 물이며, 거기에 포도당과 같은 여러 영양소와 효소, 항체 등이 들어있다. 또한 조직세포에서 나온 이산화탄소와 노폐물은 주로 혈장에 녹아서 운반된다.

수평형 맵핑법의 예시

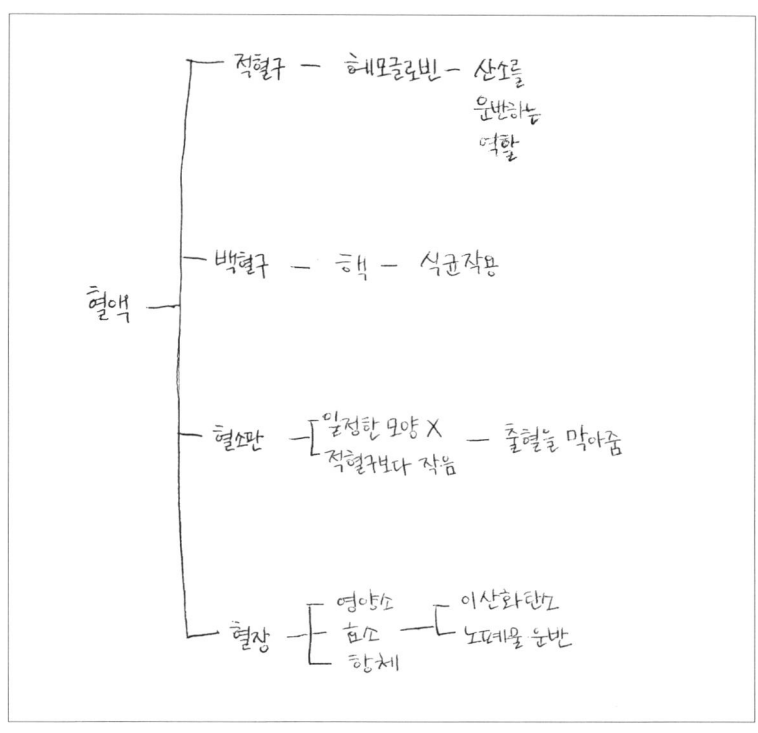

4단계 – 문제풀이(약점 학습)

5단계 패턴 학습 4단계는 문제풀이부터 시작한다. 아이가 실수하는 10%의 약점을 해결하기 위한 방법을 찾는 것이다. 이 단계는 최상위권으로 가는 길목이다. 그렇기 때문에 더욱 더 약점을 극복하는 학습이 우선시되어야 한다.

문제를 푸는 이유는 두 가지다. 첫째, 문제 유형을 파악하기 위해서다. 문제 유형을 파악하면 단원의 학습 목표와 출제자인 교사의 심리를 알 수 있다. 둘째, 아직 모르는 부분이 무엇인지 약점을 발견하기 위해서다. 약점을 파악해 틀린 문제를 다시 틀리는 실수를 줄이는 것이다. 문제 해결 능력을 키우고 상위권으로 도약하기 위해서는 틀린 문제를 또 다시 틀리지 않아야 한다. 개념을 이해하고 그것이 암기가 된 상태에서 문제를 풀어야 오답을 줄이고 약점을 해결할 수 있다. 따라서 오답 정리를 통해 틀린 이유를 파악하고 개념을 다시 완벽하게 정리해 암기하는 것이 좋다.

과목 중에서는 특히 수학에서 약점과 유형을 파악하려는 자세가 필요하다. 그래서 수학은 꼭 오답노트를 써야 한다. 많은 문제를 푸는 게 중요한 것이 아니라 나에게 약한 문제 유형을 찾는 게 핵심이다. 그렇기 때문에 어떤 문제 유형을 틀리는지 파악하기 위해 오답노트가 필요하다. 계속 쉬운 문제만 푸는 것은 의미가 없다. 사회나 과학, 국어 등 복습노트와 정리노트를 쓰는 과목들은 오답노트를 쓸 필요가 없다. 하지만 수학은 오답노트 안에 개념노트, 정리노트가 다 들어가 있다. 그래서 수학은 오답노트 한 권이면 충분하다.

문제풀이 방법으로는 다음 세 가지가 있다.

① 실전처럼 풀기: 해답지를 안 보고, 시간 내에 푸는 연습이다.
② 문제부터 읽기: 개념 파악이 안 되어 있을 때 시간을 확보한다.
③ 지문부터 읽기: 개념 파악이 잘 되고 아는 지문일 때 한다.

오답노트에는 출처, 단원명, 틀린 이유, 난이도, 문제풀이 키포인트, 개념 정리가 나와야 한다. 그런데 이 오답노트는 모든 경우에 쓰이는 게 아니다. 90점 이상 나온 과목에 써야 하는 것이다. 80점 맞는 과목은 재배열부터 시작해야 하고, 70점 맞는 과목은 교과서 읽기부터 단계별로 시작해야 한다.

다음으로 오답노트를 작성하는 순서를 살펴보자.

① 틀린 문제에 빨간색으로 별표를 해 무엇이 틀렸는지 구분할 수 있도록 하자. 아이가 직접 채점을 하면서 틀린 문제가 눈에 들어올 수 있도록 해야 한다.
② 보통 학생들은 오답을 정리할 때 풀이 과정만 적는다. 이것은 올바른 오답정리가 아니다. 해설서를 보고 왜 이 문제를 틀렸는지, 어떤 개념과 내용을 모르는지 반드시 짚고 넘어가야 한다.

③ 교과서와 정리노트에서 본인의 약점 부분을 발췌해서 읽는다. 교과서에는 빨간색으로 표시하면서 개념을 파악한다.
④ 오답노트에 약점이 되었던 내용을 정리해 반복한다.
⑤ 교과서나 노트에 빨간색으로 표시했던 문제들의 오답을 정리하면 이해하지 못한 부분을 찾고 왜 틀렸는지도 알 수 있다. 그러다 보면 자연히 비슷한 유형의 문제에서 나오는 실수를 줄여갈 수 있다. 이를 통해 서서히 약점이 줄고, 비슷한 유형의 문제풀이가 계속되면 자연스럽게 이해하고 기억하며 반복하는 완전학습으로 나아갈 수 있다.

5단계 – 총정리(심화학습)

총정리는 자기화 과정이다. 5단계 패턴 학습의 마지막 단계로 1~3단계에서 흐름을 파악하는 개념학습을, 4단계에서 약점학습을 전개한 후, 전체적으로 심화학습을 하는 총정리 단계다. 작게는 현재 하고 있는 공부 과정의 마지막 단계가 될 수도 있고, 크게는 시험을 앞두고 정리노트를 작성하면서 그동안 공부했던 내용을 전체적으로 확인하는 작업이 되기도 한다. 학습은 전체보기로 시작해서 전체보기로 끝난다. 앞에서 부분을 전체에 연결시키는 과정을 공부했다면 총정리는 심화 문제를 풀어 자기화하는 과정이다. 자신의 약점과 서술형 문제를 완벽하게 대비하기 위해 기억카드와 질문노트를 활용한다.

이 단계에 속하는 아이들은 가장 최상위권으로 자신이 가진 5%

의 약점을 극복하기 위해 노력한다. 만약 약점이 5% 이상이라면 다시 문제풀이 단계로 가야 한다. 총정리 단계에서는 전체를 연결하는 통합훈련이 필요하다. 심화 공부를 위해 선행학습을 진행하며, 심화 공부의 기초 단계로 비문학 독서와 신문 사설을 병행한다.

이 단계에서 가장 많이 사용하는 것이 기억카드와 질문노트다. 먼저 기억카드다. 기억카드의 장점은 첫째, 약점을 보완해 완전학습을 할 수 있는 지혜를 얻는다. 둘째, 크기가 작아 휴대가 가능하여 어디서나 공부할 수 있다. 셋째, 낭비하게 되는 조각시간을 활용할 수 있어서 하루에도 2시간 정도 확보될 수 있다. 넷째, 기억력이 좋아진다. 다섯째, 자연스레 반복적으로 학습하게 됨으로써 상위 1%로 갈 수 있는 가능성을 얻을 수 있다. 기억카드에 기록해야 할 내용은 오답 문제, 선생님이 강조한 내용, 학습 목표와 관련된 내용, 교과서의 굵은 글씨, 기억이 잘 안 되는 개념 등이다. 영어 단어를 기록할 때는 앞에는 단어, 뒤에는 뜻을 기록한다.

앞에서 진짜 공부 잘하는 아이들의 두 가지 공통점을 소개한 적 있다. 바로 복습과 질문이다. 복습도 잘하고 질문까지 하면 완벽한 학습이 되는 것이다. 그래서 질문노트는 최상위권 아이들에게 꼭 필요한 공부 도구다. 질문노트는 문제 출제 노트로 총정리, 마무리 공부 때 사용한다. 질문학습법을 제대로 활용하면 학습 능력이 향상된다. 약점 중심, 출제자 중심, 학습 목표 중심, 교과서 중심, 서술형 중심으로 작성한다.

전체보기표 작성 사례

Ⅱ. 고려 귀족 사회의 형성과 변천

1. 고려의 성립과 발전

- ① 고려의 건국과 국가 기틀의 확립
  - 왕건, 고려를 통일하다 — 왕건, 고구려계승, 고구, 송악천도
  - 민족을 재통일하다 — 신라항복, 후백제 투항, 발해유민수용
  - 민생을 수습하고 호족 세력을 통합하다 — 취민유도, 흑창, 기인, 사심관, 혼인정책, 본관제도
  - 과종, 호족을 억압하고 왕권을 강화하다 — 노비안검법, 과거제
  - 성종, 유교 정치 사상을 적극 내세우다 — 최승로, 시무28조, 2성6부, 국자감

- ② 통치 체제의 정비
  - 귀족 중심의 통치 체제를 마련하다 — 2성6부, 중추원, 어사대, 삼사, 도병마사
  - 지방 행정 제도를 정비하다 — 12목, 5도 양계, 향리
  - 군사제도를 개편하다 — 중앙군 2군 6위, 지방군, 주현군, 주진군
  - 학교를 세우고 인재를 양성하다 — 국자감, 향교
  - 과거와 음서로 관리를 선발하다 — 과거제, 음서제

- ③ 문벌 귀족 사회의 성립과 동요
  - 문벌 귀족사회가 성립되다 — 호족, 신라6두품계층, 친인적관계, 반복세력
  - 이자겸이 난을 일으키다 — 이자겸의 난, 척준경의 제거, 문벌귀족 분열
  - 묘청, 서경천도 운동을 주장하다 — 풍수, 서경길지설, 개경 칭제건원, 금정벌론

- ④ 송, 거란, 여진과의 관계
  - 북진정책 추진과 송과의 교류 — 북진정책, 고구려계승, 송과 친선외교
  - 거란의 침입을 물리치다 — 서희의 담판, 강동6주, 강감찬, 귀주대첩
  - 동북 9성을 개척하다 — 여진정벌, 윤관 별무반, 공녀 시대세계

- ⑤ 무신의 집권과 대몽항쟁
  - 무신, 정변을 일으켜 권력을 잡다 — 무신정변, 무신정변, 정방
  - 60여 년 동안 이어진 지배서 무신 정권 — 최충헌, 최우, 교정도감, 정방
  - 농민, 천민이 봉기하다 — 망이, 망소이의 난, 만적의 난
  - 몽골의 침략에 맞서다 — 강화도 이자, 강동성, 귀주성, 삼별초

- ⑥ 원의 간섭과 공민왕의 반원개혁정치
  - 원의 내정간섭을 받다 — 원의 부마, 정동행성, 쌍성총관부, 응방
  - 권문세족이 권력을 독점하다 — 친원, 도평의사사, 사패전
  - 공민왕, 반원 개혁 정치를 실시하다 — 정동행성이문소, 영토회복, 쌍성총관부, 신돈, 전민변정
  - 신진 사대부, 성장 무인 세력이 성장하다 — 정몽주, 이성계

공부 방법에 있어 생각이 바뀌어야 행동이 바뀌는 아이들은 학습 원리가 더 우선적으로 실시되어야 한다. 즉 좌뇌형인 아이들이 이에 해당된다. 행동이 바뀌어야 생각이 바뀌는 아이들은 도구의 사용이 더 우선적으로 실시되어야 한다. 즉 우뇌형인 아이들에게 더 많이 적용된다.

시험 완벽 대비 4주기 프로젝트

시험을 준비할 때는 부모 아이 할 것 없이 스트레스가 이만저만이 아니다. 준비하는 과정도 힘들고, 노력에 비해 성과가 좋지 않다면 공부 방법에 무슨 문제가 있는지 걱정이 되기도 한다. 그렇기 때문에 시험 준비에 코칭이 필요한 것이다.

시험코칭에는 마감 효과의 원리가 있다. 기한이 정해져 있으면 집중력도 상승한다. 평소에 준비가 잘 되어 있어야 마감 효과가 극대화된다. 시험 준비를 시작하기에 앞서 먼저 해당 시험에 대한 목표를 정하고 그에 맞는 계획을 수립한다. 또한 시험 분량과 시험 범위를 파악하는 게 필요하다. 물론 시험 준비를 하면서도 4주 동안 변함없이 해야 할 일은 수업에 집중하고, 예습과 복습을 하고, 정리노트와 플래닝을 하는 것이다.

4주 전 | 개념학습

4주 전에는 우선 교과서를 중심으로 공부한다. 교과서를 읽으면서 흐름을 파악하고 내용을 이해한다. 그 다음으로 정리노트 작성을 시작하는데 교과서와 수업시간 필기한 복습노트를 토대로 핵심 내용을 정리하도록 한다. 과목당 4~5시간이 소요되는데 작성 시간을 미리 계획한다. 중하위권의 경우는 개념 정리를 스스로 못하기 때문에 문제집을 통해 정리되어 있는 내용을 읽는 것이 좋다.

3주 전 | 확인학습

3주 전에는 정리학습을 통해 기억과 암기에 초점을 맞춘다. 교과서 정리노트와 참고서 개념 정리를 반복해서 본다. 4~3주 전에는 개념 위주의 학습을 진행해야 하며, 공부하는 범위는 시험 2주 전 예상 진도까지다. 이 시기에는 주요 과목을 공부하면서 교과서와 노트, 그리고 자습서로 개념을 확실히 다진다.

2주 전 | 완전학습

가장 중요한 시기로 아직 진도가 시험범위까지 끝나지 않았기 때문에 개념학습과 약점학습을 병행해야 한다. 즉 예습, 복습, 정리노트, 문제풀이를 같이 해야 한다. 상위권은 여러 권의 문제집을 풀면서 다양한 문제를 접하고, 오답의 패턴을 확인한다. 중하위권은 한 권의 문제집으로 반복학습을 하면서 개념을 완벽하게 파악해야 한다. 주말에 과목당 3~4시간을 투자해 기술, 가정, 도덕, 한자 등의 과목을 한 번에 끝낸다.

1주 전 | 심화학습

1주 전에는 약점을 해결하고 서술형 문제에 대비해야 한다. 주말을 이용해 음악, 미술, 체육 등의 과목을 끝낸다. 시험 3일 전부터는 총정리를 시작한다. 학원 시간과 전자기기 시간을 최대한 줄이고 수동적 몰입을 통해 간절함을 느껴야 한다. 교재는 문제집(개념+기출)과 프린트, 오답노트 및 정리노트 등이다.

본격적으로 시험을 준비하기 위해서는 몇 가지 우선적으로 체크해야 할 것들이 있다. 시험에 대비하기 위한 구체적인 노하우와 총정리 방법을 소개한다.

먼저 시험 대비 방법이다.

① 시험 일정과 시간표를 확인한다.
② 시험 범위를 기록할 때 페이지 수는 물론 단원명을 꼭 기록한다.
③ 시험 목표 점수를 구체적으로 정한다. 목표 점수 옆에 예전에 받았던 시험 점수도 기록하도록 한다.
④ 시험 계획표를 짤 때는 전 과목의 시험 범위를 목차별로 기록해 진행 상황을 체크한다. 그리고 공부해야 할 과목, 범위, 난이도에 따른 시간 배분을 한다.

To Do List

시험 계획표
_____2-2 기말고사_____

과목	지난 시험 결과	나의 목표 점수	To Do List
국어	92	100	교과서5번정독→자습서 3번 정독→정리노트 2번 정독→학습지 3번정독→교과서문제→자습서문제→평가문제집 문제→오답→오답 5번체크→총정리 (A4)
수학	100	100	교과서 4번 정독→자습서 2번 정독→개념정리→학교노트 학습지→교과서문제→자습서문제→드릴문제→자이스토리문제→선행문제→오답→오답5번체크→총정리(A4)
역사	100	100	교과서 5번 정독→자습서 4번 정독→정리노트 3번정독→복습노트 2번 정독→학습지 번정독→신간→교과서문제→자습서문제→평가문제집 문제→오답→오답5번체크→총정리(A4)
과학	100	100	교과서5번정독→자습서 4번정독→정리노트 3번정독→복습노트 3번정독→학습지 2번 정독→신간→교과서문제→자습서문제→평가문제집 문제→오답→오답5번체크→총정리(A4)
영어	100	100	교과서 3번정독→자습서5번정독→단어 외우기→예문 외우기→본문 외우기→학습지 5번정독→자습서문제→변역연습→듀신문제→오답→오답5번체크→총정리(A4)
도덕	100	100	교과서 4번정독→자습서 4번 정독→자습서문제→평가문제집 문제→오답→오답5번체크→총정리 (A4)
한문	100	100	한자 외우기→학습지 10번 정독→총정리 (A4)
음악	✕	100	교과서 10번 정독→학습지 10번정독→총정리 (A4)
체육	✕	100	교과서 10번정독→학습지 10번정독→총정리 (A4)
평균 점수/내신등급	98.8	100	
반/전체 등수	1/?	1/1	

다음으로 총정리 방법이다.

① 자신 있는 과목부터 끝낸다. 어렵고 못하는 과목을 먼저 하게 되면 늘어지기 때문에 시간이 적게 드는 자신 있는 과목부터 시작해야 공부에 탄력이 붙고 자신감도 생긴다.

② 시험 전날은 다음날 시험보는 과목만 공부하도록 한다. 학생들은 종종 총정리를 하다가 시간이 좀 남는 것 같으면 미리 이튿날 과목을 공부하려고 하는데 의식이 분산되기 때문에 반드시 전날 보는 과목에만 집중하도록 한다.

③ 시험 일정의 역순으로 총정리한다. 시험 일정이 첫째 날 수학과 사회, 둘째 날 과학과 영어, 셋째 날 국어와 도덕이라면 총정리 첫째 날은 국어와 도덕, 둘째 날은 과학과 영어, 셋째 날, 그러니까 시험 전날 수학과 사회를 공부하는 것이다.

④ 총정리 때는 개념 위주의 정리에 초점을 맞춘다. 교과서와 정리노트, 프린트 등으로 다시 한 번 개념을 확실하게 파악한다.

⑤ 약점을 반드시 해결한다. 약점을 해결하지 않으면 총정리가 아니다. 잘하는 부분만 자꾸 공부하는 건 자기 위안이 될 뿐이다. 약점을 보완해야 고득점을 얻을 수 있다.

⑥ 서술형 문제에 완벽하게 대비한다. 스스로 문제를 출제해보거나 질문노트를 작성해본다.

시험 기간에는 총정리하듯 공부한다. 반복학습이 그 핵심이다. 그리고 시험 기간에는 반드시 몸과 마음을 관리해야 한다. 학생들이 시험 전날 밤을 새우는 경우가 많은데, 신체 리듬이 깨지면 시험에 집중할 수 없기 때문에 결과에 영향을 미치게 된다. 충분한 수면을 취하고 적당히 영양을 섭취하면서 시험을 보기 좋은 몸 상태를 유지해야 한다.

또 당일 시험 결과에 연연하지 않는 마음가짐이 필요하다. 다음 시험도 있지 않은가. 평정심과 적당한 긴장감을 유지해야 끝까지 모든 시험에 집중할 수 있다.

Chapter 3

공부 습관

- 습관의 차이가 성적을 결정한다
- 내 아이를 변화시키는 학습 코칭
- 무의식이 행동을 바꾼다
- 행동 변화에 필요한 학습활동 4가지

습관의 차이가
성적을 결정한다

한 아이가 부모와 선생님에게 호소한다. 학교나 학원에서 수업을 듣다 보면 다 아는 내용 같은데 막상 시험을 보면 도저히 생각이 나지 않아 힘들다는 것이다.

누구에게나 그런 경험이 있다. 그렇다면 반대로 부모들에게 질문을 던져 본다. 과연 내 아이가 하루에 몇 시간이나 자기주도적인 공부시간을 갖고 있다고 생각하는가? 아직도 학원에 보낸 시간을 공부하는 시간으로 착각하고 있는 부모들이 있을까?

자기주도적으로 공부하기 위해서는 꼭 지켜야 할 공부의 절대시간이 있는데, 바로 하루 3시간이다. 학교와 학원과 숙제가 아닌, 철저하게 예습과 복습을 하는 시간이다. 자기주도적으로 공부를 하면 집중도 잘 되고, 공부한 내용을 여러 번 복습할 수 있다. 매일 3시간 이상은 혼자 공부하는 습관을 들여야 스스로 공부하는 것이다.

상위권 학생들이 말하는 절대시간은 중학생 기준으로 학기 중에는 하루 3시간, 방학 중에는 하루 5시간 이상이다. 고등학생은 더 길어져 학기 중에는 야간 자율학습 포함 하루 5시간, 방학 중에는 8시간 이상이다. 모든 학생들이 똑같은 상황은 아니기 때문에 만약 힘들면 하루 1시간이라도 자기시간을 가져야 한다. 그렇게 조금씩 늘려가다 보면 어느새 시간도 늘어날 테고, 목표에 맞춰 6개월

이상 지속하면 반드시 변화가 일어난다. 하루 시간 중 버리고 있는 시간을 분석하고 어떤 환경에도 구애를 받지 않고 공부할 수 있는 시간을 선택하는 게 중요하고 학습에 집중하는 시간을 늘리는 것이 관건이다.

사실 대부분의 아이들이 매일 정리하는 시간을 갖지 않는다. 지키기가 힘들기도 할뿐더러 습관이 되어 있지 않다. 학교 다녀오면 간식 먹고 학원에 가는 것을 공부라고 생각하는 아이들도 많다. 또 문제집만 풀면 시험 준비를 마쳤다고 생각하기도 한다. 공부를 잘하는 아이들은 자기가 얻고 싶은 목표를 명확하게 설정하고, 주차별, 요일별, 과목별 학습 전략과 시간 계획을 세운 후에 공부한다. 배운 것을 자기 것으로 만들기 위해 노력하는 것이다. 심지어 시험 보기 2주 전부터는 외부 학원 수업을 줄이고, 학습 절대시간을 늘려나가는 등 전략적으로 공부한다. 이렇듯 매일 공부의 절대시간을 활용하는 것이 공부 잘하는 비결인데도 쉽지가 않은 것이다.

따라서 공부의 절대시간을 자기 것으로 체화하기 위해서는 공부습관으로 정착되어야 한다. 자신도 모르는 사이에 무의식적으로 뇌에 자리 잡혀야 한다는 것이다. 습관은 어떤 의미에서 뇌와 일맥상통하는 부분이 있다. 뇌파를 찍어 보면 아이들의 다양한 뇌 성향을 알 수 있다. 어떻게 공부를 해 왔는지, 학습과 생활 습관은 어떤지가 모두 나타난다. 그렇기에 뇌와 습관이 함께 간다는 것이다. 다시 말해 뇌는 살기 위해서 에너지를 최적화한다. 예를 들어 우리

뇌는 같은 행동을 반복할 때 그것을 습관화하면 다음에 행동할 때는 더 이상 에너지를 쓰지 않아도 된다. 시간이 지날수록 습관화되면서 점점 익숙해지고 실력이 늘기 때문이다. 공부도 마찬가지다. 습관을 통해 아이가 어떻게 공부해 왔는지, 또 앞으로 어떻게 공부를 해야 할지 파악할 수 있다. 공부하는 절대시간과 공부 방법, 공부 도구 등을 무의식적으로 습관화하기 위해서는 반복적인 훈련과 에너지가 필요하다. 공부를 하겠다는 열정과 동기보다도 더 중요한 것이 아이들에게 공부습관을 만들어주는 것이다. 아무리 마음을 먹어도 실행하지 않는다면 소용없기 때문이다.

대부분의 학부모들은 주요 과목에 대한 사교육 학습에 많은 시간을 투자하고 학습량 또한 상당한 반면, 독서 능력이나 예습과 복습, 교과서 활동 등 올바른 학습습관에 대한 훈련이나 환경 관리에는 소홀한 경향이 있다.

이것은 공부의 기초 체력이다. 그런데 이러한 공부습관을 고등학교에 올라가서 만들려고 하면 시간도 오래 걸리고 효과도 늦게 나타난다. 고등학교 때 성적을 변화시키는 건 쉬운 일이 아니다. 따라서 앞에서 소개한 학습 능력 기르기, 공부 멘탈 만들기, 공부 방법 바꾸기, 공부 도구 활용하기 등을 지속적으로 해나가면서 공부습관을 형성하는 것이 무엇보다 중요하다.

계획이 따르지 않은 목적은
단지 희망사항일 뿐이다.

― 생텍쥐페리Antoine de Saint Exupery

내 아이를 변화시키는 학습 코칭

"공부는 팔자다." 강의를 하면서 종종 하는 이야기다. 선천적으로 공부를 잘할 수 있는 아이가 있고 못하는 것이 당연한 아이도 있다. 그것은 아이의 잠재력을 어떻게 관리하고 끌어냈느냐에 따른 결과다. 내가 진짜 말하고 싶은 것은 그 다음이다. 공부는 팔자라고 하지만 그 팔자를 얼마든지 바꿀 수 있다. 무엇보다 부모가 먼저 변해야 하는 것은 당연하다.

숫자 '8'을 보라. 8을 가로로 자르면 '0'이 된다. 이 말은 타고난 팔자는 없다는 뜻이다. 그리고 세로로 자르면 '3'이 된다. 이것은 누구에게나 3번의 기회가 온다는 뜻이다. 가장 중요한 건 마지막이다. 8을 한번 눕혀 보자. 무엇이 보이나? 바로 무한대다. 이것은 자라나는 아이들의 능력과 가능성은 무한하다는 것을 의미한다. 객관적으로 바라보고 편하게 해주면 아이들은 자신이 가진 무한한 능력을 아낌없이 발휘할 수 있는 존재라는 것이다. 당장 눈앞의 성적 향상을 위해 아이를 너무 다그치는 것보다는 기다려주고, 공감해주는 것이 훨씬 슬기로운 방법이다.

아이들은 무조건적인 사랑을 받기 원한다. 그런데 학습 때문에 부정적인 정서가 생기면 평소에 잘할 수 있는 것도 못하게 된다. 평소에 '공부 안 하냐', '학원 안 가냐'라는 말을 귀에 못이 박히도록 듣고 사는 아이들이 과연 제대로 된 학습 능력을 발휘할 수 있을까? 나는 세상 어떤 아이라도 관심을 갖고, 기다려주고, 칭찬해주고, 부모님이나 멘토가 관리하고 뒷받침해준다면 자신이 품은 무한한 능력을 꼭 발현해낸다고 믿는다.

학습 코칭의 궁극적인 목표는 이러한 '변화'다. 아이를 발전적인 방향으로 변화시킬 수 없는 교육은 시간만 허비하는 것이다. 그렇다면 학습 코칭을 통해 아이들에게 어떤 변화가 일어날 수 있을까?

첫 번째 변화는 학습 능력을 키우게 되는 것이다. 글을 빠르고 정확하게 읽고 그 내용을 재배열한 후, 내 것으로 만들고 밖으로 표출할 줄 아는 학생이 앞서 나간다. 이제는 예전처럼 단답형으로 외워서 공부하는 시대가 아니다. 논술과 토론 같이 자신의 생각을 표현하고 문제를 해결하는 능력이 실력을 가늠하는 중요한 기준이 되고 있다.

두 번째 변화는 성적 향상이다. 막연하게 성적을 올리는 것이 아니라 올바른 공부 방법과 도구를 이용한 학습매뉴얼을 통해서 성적을 올리는 것이 관건이다.

세 번째 변화는 학습을 통한 목표 달성 및 리더십 발휘다. 아이에게 삶의 목표를 세우도록 하고 그 목표에 맞는 실천 방법과 계획을 세울 수 있도록 도와준다. 그리고 리더의 자질을 키워 성인이 되어서 어느 집단에서도 자신의 능력을 마음껏 발휘할 수 있도록 한다.

이처럼 넓은 의미에서의 학습 코칭의 목표는 결국 현재 아이에게 '공부 변화'를 일으켜 가깝게는 고등학교 입시, 멀리는 대입을 준비할 수 있는 단단한 발판을 만드는 것이다. 물론 변화는 쉽게 찾아오지 않는다.

$$C = \frac{C\&M}{T}$$

이것이 바로 아이의 변화를 일으킬 수 있는 공식이다. 여기서 T는 티칭을 뜻한다. C&M에서 C는 컨설팅과 코칭, M은 멘토링과 매니징이다. 그럼 이 공식에서 이끌어낸 'C'는 무엇을 의미할까? '체인지change', 바로 행동 변화다. T값이 작을수록 C값이 커지는 것이다. 그리고 C&M의 값이 커질수록 C값이 커진다. 즉 티칭이 작을수록, 코칭과 매니징이 커질수록 아이의 행동 변화가 일어난다는 말이다. 티칭을 통해 수학과 영어를 잘하는 요즘 아이들이 당장의 학교 성적을 올리는 것은 쉽다. 하지만 학습적인 습관 변화를 일으키는 건 쉽지 않다.

아이들은 두 부류가 있다. 생각이 바뀌어야 행동이 바뀌는 아이들, 그리고 행동이 바뀌어야 생각이 바뀌는 아이들이다. 좌뇌 성향의 아이들은 전자이고, 우뇌 성향의 아이들은 후자다. 내 아이가 좌뇌 성향인지 우뇌 성향인지를 파악하는 게 필요한 이유다.

아이에게 변화가 일어나려면 기본적으로 의지가 있어야 한다. 의지는 생명력이다. 죽은 씨앗에 아무리 물을 줘봐야 다시 살아나지 않는다. 아이들에게 의지를 심어주려면 체계적인 프로그램으로 접근해야 한다. 그래야만 동기부여가 되고 공부에 대한 의욕이 생긴다. 이것이 컨설팅과 학습 코칭이다. 자신이 가진 가능성과 재능을 발견하고 공부를 해야겠다는 의지가 생기는 과정이다.

그렇다면 의지만으로 공부 변화가 일어날까? 다음으로 필요한 것이 실천이다. 학습에 대한 동기부여와 의지가 생겼다면 그만큼 학습 훈련이 따라줘야 한다. 이것이 바로 실행력이다. 의지가 있어도 실행을 하지 않는다면 무슨 소용이 있겠는가. 구슬이 서 말이라도 꿰어야 보배다. 보배로 만드는 작업이 바로 끊임없는 훈련이다.

변화해야겠다는 의지를 가지고 학습 훈련을 하는 과정에는 반드시 세 사람의 노력이 필요하다. 공부 팔자를 바꾸는 가장 중요한 세 사람은 누구일까? 바로 학생, 부모, 선생님(학교 교사, 학원 교사 혹은 공부 멘토)이다. 이 세 사람이 '삼위일체'가 되어야 변화를 일으킬 수 있다. 이 중에 가장 바뀌기 어려운 사람이 부모다. 반대로 객관적인 시각으로 변화를 이끌 수 있는 사람이 멘토다. 결국 공부 변화란 학생 자신의 노력과 부모의 의식 변화, 그리고 전문가의 손길이 하나가 되어 일으키는 것이다.

무의식이 행동을 바꾼다

목표를 설정했으면 가장 잘 보이는 곳에 적어놓고 자신의 결심과 각오가 흐트러지지 않도록 늘 되새기는 작업이 중요하다. 직접 큰 소리로 읽어봐도 좋고 오며 가며 마음을 다지는 데 활용하는 것이다.

심리학자들은 이런 방법이 목표를 이루려는 마음가짐에 많은 도움을 준다고 말한다. 자신의 목표를 늘 새기는 작업은 우리의 뇌에 선명한 기록이 되어 행동 자체도 그에 맞춰진다는 것이다. 즉, 생활 속에서도 무의식적으로 변화가 생길 수 있다는 것을 의미한다. 사람은, 잠재의식은 의식화할 수 있지만 무의식은 의식화할 수 없다.

흔히 암기를 할 때 한 시간이 지나면 50%, 하루가 지나면 70%를 잊어버린다고 한다. 그렇다면 외우기보단 이해하는 것이 더 낫다 생각할 수 있겠지만, 사실 한 번 외운 것은 잠재적으로 의식화가 된다. 암기를 하면 스키마 형성으로 뇌에 흔적이 남아 있어서 언제든지 다시 불러올 수 있다는 것이다. 하지만 외우지 않은 것은 잊어버리면 끝난다. 다시 불러올 수가 없으며 새로운 에너지를 써야 한다. 따라서 뇌에 흔적을 남기는 작업이 중요하다.

분명한 목적의식이 있는 것과 없는 것은 정서나 행동에 주는 영향이 다를 수 있다. 앞에서 다룬 플래너 작성, 읽기 훈련, 복습, 정리노트를 쓰는 것은 궁극적으로 공부를 잘하는 습관을 키우기 위한 행동인데, 지치지 않고 노력하다 보면 결국엔 나 자신을 바꿀 수 있는 습관으로 남게 된다.

운동선수들이 경기 전에 마인드컨트롤을 하면서 집중하고, 경기에서 일어날 수 있는 여러 가지 상황들을 미리 머릿속에 그려보고 대처방법을 찾듯 공부도 마찬가지다. 억지로 하는 공부는 의식적이고 다른 사람이 봐도 눈에 다 보인다. 하지만 공부를 잘하는 사람들의 행동은 자연스럽다. 교재를 볼 때도, 인강을 들을 때도, 독서를 할 때도, 마음가짐이나 자세 등이 무의식적으로 몸에 배어 있다. 사고방식과 습관들이 아예 일상적으로 바뀌어 행동수정이 일어난 경우다.

행동을 바꾸려면 무의식부터 바꾸어야 한다. 목표를 설정해서 뇌에 되새겨야 한다고 말했듯 내가 하고 싶은 것, 이루고자 하는 것에 대한 목적과 이유를 가슴과 뇌에 강하게 저장하도록 하자. 내가 얼마나 간절히 원하고 있는지, 나 자신에게 확인시키는 작업이다. 그런 노력을 한다면 어느 순간 일부러 의식하지 않더라도 내면의 변화를 일으켜 나의 사고나 행동방식이 그 목표를 이루기 위한 쪽으로 변화하게 된다.

보통 목표를 이루는 것에 실패한 사람들은 좌절감 이전에 자신에 대한 실망감에 빠지게 된다. 자신의 성격이나 의지가 약한 것을 탓하곤 한다. 자존감이 한없이 낮아지면서 자신에 대한 기대나 희망이 한순간에 무너져 내린다. 그러나 행동관리가 되지 않는 것은 대부분 성격이나 의지보다는 주변상황 때문이다. 우리의 행동은 환경에 따라 변하기 때문이다. 행동수정을 하려면 굳은 결심과는 별개로 적절한 단계적 전략이 필요하다.

예를 들어 '공부하는 습관을 기른다'를 목표로 정했다면, 집에 돌아와서는 가장 먼저 할 일로 '한 시간 공부하기'라는 구체적인 계획을 세운다. 그리고 그 '행동'으로 들어가는 것을 방해하는 선행사건을 제거해야 한다. 집에 들어오면 무의식적으로 먼저 TV를 켠다든지 하는 행동이 될 수 있다. 그 습관부터 없애야 한다. 공부를 하지 않더라도 TV는 켜지 말아야 한다. 습관처럼 집에 오면 늘 하던 일을 어느 순간 하지 않으면, 무엇이든 이전과는 다른 행동이 나오기 마련이다.

그 내용은 다음과 같이 정리할 수 있다.

① 목표행동을 정한다.
② 목표행동을 관찰하고 기록한다.
③ 관찰을 통한 변화계획을 세운다.
④ 스스로에 대해 알아가면서 계획을 수정하고 반성한다.
⑤ 변화를 유지하도록 시행착오를 밟아간다.

이는 계획-관찰-평가로 이어지는 3단계 행동수정 전략인데, 자신이 과연 목표대로 행동했는지 스스로 관찰하고 기록하는 것이다. 제대로 행동하지 못했다면 왜 그랬는지, 그렇다면 목표로 한 행동 대신에 무슨 일을 했는지를 정확히 기록한다. 이것이 자기 관찰이다. 여기에서는 내가 켜지 않은 TV를 가족 중 누군가가 켰다든지 하는 다양한 변수도 존재한다.

목표를 꼭 이루겠다는 긍정적인 생각과 자기효능감에 대한 신념, 구체적으로 계획하는 과정을 통해 자기 행동과 실행 방법을 확신할 수 있다. 이처럼 행동수정의 각 단계를 인식하면서 반복적으로 실행하다 보면 처음 목표한 대로 행동하게 된다. 자기 행동을 강하게 의식하고 조절함으로써 의식적 행동을 점차 무의식적 행동(습관)으로 바꾸어가는 것이다.

보통 행동수정이 이루어지려면 6개월이 걸린다. 지속적인 자기 조절력으로 행동이 변할 수 있도록 노력해야 한다. 우리가 이 책을 통해 공부습관을 바꾸려고 하는 이유도 행동을 변화시키기 위한 것이다. 무의식이 바뀌어야 행동도 바뀔 수 있다.

행동 변화에 필요한 학습활동 4가지

아이의 행동 변화에 필요한 핵심 학습활동 네 가지를 다시 한 번 정리해보겠다. 거듭 강조할 만큼 혼공에 있어서는 매우 중요한 학습활동이다.

행동 변화에 가장 필요한 학습활동

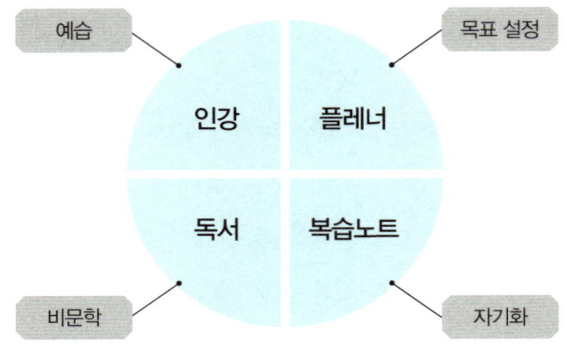

① 인강

학원과 인강의 차이는 뭘까? 강의를 들으며 공부한다는 점은 같지만, 자기주도학습의 경향은 인강이 더 강하다. 인강을 듣기 위해서는 스스로 시간을 통제하고 보다 집중해야지만 강의를 따라갈 수 있다.

인강을 통해 예습과 복습을 한다는 것은 아이들에게 역치(한계치)를 경험하는 일이 될 수도 있다. 학교나 학원처럼 함께 공부하는 사람도 없고 오직 화면상의 강사를 따라 스스로 공부를 해내야 하는데, 보통의 정신력으로는 쉽지 않기 때문이다. 정해진 시간 동안 강의를 듣는 것만으로도 통제력을 발휘해야 하고, 이해하면서 따라간다는 것 자체가 고도의 집중력을 요구한다.

인강을 통해 미리 공부한 내용이 학교나 학원에서 다시 학습된다면, 공부에 대한 자신감도 커지고 공부 시간에 집중도 더 잘 되기 마련이라 복습의 효과도 높아진다. 그렇게 되면 성취감도 쌓이고 성적도 오르는 등 선순환이 이어진다. 이처럼 인강은 공부 멘탈을 만들어갈 수 있는 최고의 공부 방법이라 할 수 있다.

2019년부터는 EBS 고등과정에서 8종 교과서를 고1부터 인강으로 강의를 해준다. 2020년부터는 고2, 고3까지 모든 교과서가 인강으로 가능하다. 따라서 중학교 때부터 인강을 듣는 연습을 해야 고등학교에 가서도 인강을 제대로 들을 수 있을 것이다. 인강은 자율성이 필요하기 때문에 중학교 때부터 습관이 되어 있는 것이 좋다. 무엇보다 자신에게 잘 맞는 인강을 선택하는 것이 중요하다. 강의를 들었을 때 편안하고 나를 집중하게 만드는 강사가 좋은 강사다.

또 인강을 통해 효과적으로 혼공하기 위해서는, 스스로 공부 마감시간을 정할 줄 알아야 한다. 그리고 목표에 대한 자기암시가 필요하고, 무엇보다 공부 시간에 몰입해야 한다. 이것이 습관화되면 학습적으로 좋은 결과를 맛볼 것이다.

인강은 그야말로 혼자 공부하기의 정석이다. 누군가에게 의존하는 공부가 아니라 스스로 해야만 하기 때문이다. 절대적으로 자신만이 할 수 있는 시간이다. 따라서 할 수 있다는 자신감을 가지고 집중도를 높여 공부를 재미있게 하는 방법을 터득해야 한다. 가장 효율적으로 공부 효과를 만들어낼 수 있는 기회가 바로 인강이다.

인강 100% 활용법!
① 만료일에 맞춰 수강 계획을 세운다.
② 의욕만 앞세우지 말고 소화할 수 있는 것만 수강한다.
③ 부족한 부분만 선택적으로 활용한다.
④ 인강 내용을 반드시 복습한다.
⑤ 평가 과정을 꼭 거친다.
⑥ 질문 답변 게시판을 적극적으로 활용한다.

② 복습노트

공부는 배우기만 하는 것이 아니라 익히는 것이다. 즉 자기화하는 과정이 반드시 필요하다. 복습노트가 그 역할을 해주는데, 공부의 마지막 단계에서 스스로 정리하고 이해하는 과정을 거쳐야 비로소 내 것이 된다. 복습노트를 통해 진정한 자기화를 이루었을 때 공부 멘탈도 강해지고 공부습관도 잡힌다.

③ 플래너

유명한 컨설턴트 브라이언 트레이시는 "계획을 세우지 않는 것은 실패를 계획하는 것과 같다"라고 말했다. 필자도 지금까지 공부 멘탈을 기르기 위해서는 목표를 세워야 한다고 강조했다. 무엇보다 동기부여가 되는 목표 설정이 있어야 한다. 그 목표는 '플래너'를 통해 나온다. 목표는 내가 가야 할 목적지이며 방향을 제시해줄

이정표다. 목표를 어떻게 규정짓는가에 따라 결과는 많이 달라진다. 학생들에게 플래너는 없어서는 안 될 가장 중요한 학습 도구이며 스스로 공부하는 힘이다. 단순히 플래너를 작성하는 데만 그치지 말고, 어떻게 쓰느냐에 따라 혼공력이 달라지기 때문에 앞서 구체적으로 설명한 것을 토대로 시도해보길 바란다. 플래너의 힘이 공부를 좌우한다고 해도 과언이 아니다.

④ 비문학 독서

미국 시카고 대학교와 세인트존스 대학교의 공통점은 무엇일까? 바로 독서다.

시카고 대학교는 학생들에게 고전 100권을 외우도록 했다. 처음에는 힘들어하던 학생들이 50권을 넘어가면서부터 점차 적응하기 시작했다. 그리고 놀랍게도 학교 분위기도 서서히 바뀌게 된다. 학생들은 질문하고, 토론하며 사색에 잠기는 시간이 많아졌고, 열등감을 가진 학생들은 자신감을 찾았다고 한다. 미국의 교육가 허친스가 대학 개혁을 시작한 지 85년이 지난 현재, 시카고 대학교는 85명의 노벨상 수상자를 배출했다.

세인트존스 대학교는 어떨까? 이 학교는 아예 학과나 전공 자체가 없다. 학교의 커리큘럼은 4년간 고전 100권 돌파가 전부다. 어떤 학생들은 단순한 독서라는 생각으로 쉽게 보일지 몰라도 고전을 읽어본 사람이라면 그 어려움을 안다. 이 학교 역시 책을 읽고 토론하는 문화를 중요하게 생각했다. 4년 후 세인트존스 대학교에서는 학자와 사상가들이 쏟아져 나왔다. 아이비리그 부럽지 않은 결과였다.

　세인트존스대학의 카넬로스 총장은 "교양교육은 인문학과 과학이라는 연결 지점을 탐구하는 것"이라고 말한다. 과학기술은 어떻게(how)에 대한 답을 주지만, 인문학은 무엇(What)을 위한 고민을 하게 해준다는 것이다. 그리고 과학기술에 가치를 부여하고 기술에 영혼을 입히는 것은 인간이며, 교수는 학생을 가르치는 게 아니라 단지 도울 뿐이라고 강조한다. 고전을 탐구하며 미래의 가치를 찾아내는 과정을 통해 학생들은 인간을 성찰하고 세상을 더 넓게 바라보는 미래 지식을 갖추게 되는 것이다. 이것이 바로 인문학과 고전의 힘이다.

좋은 책을 읽는 것은
과거 몇 세기의 가장 훌륭한 사람들과
이야기를 나누는 것과 같다.

— 데카르트 René Descartes

당신이 할 수 있는 것이나
할 수 있다고 꿈꾸는 것이 있으면
그것이 무엇이든 시작하라.
대담함 속에 천재성과 힘과 마법이 들어 있다.
지금 시작하라.

― 괴테Johann Wolfgang von Goethe

EPILOGUE

성격이 급해 책 출간을 앞두고는 하루라도 빨리 일정을 당기기 위해 밤잠을 설친다. 이렇게 필요한 내용들을 빨리 세상에 내놓아 학생과 학부모, 나아가 모든 교육자가 보기를 바라는 마음에서다. 그러나 이번에도 마음처럼 되지 못했다. 오히려 예정보다 더 많은 시간이 걸렸다. 집필을 해나가면서 역시나 하고 싶은 이야기가 점점 늘어났고, 이 모든 이야기를 어떻게 일목요연하게 펼칠 수 있을까에 대한 고민이 집요하게 펼쳐졌기 때문이다. 항상 곁에서 집필을 도와주는 기획, 편집자들과 고심하며 이 글을 완성했지만 아쉬움이 남는 건 어쩔 수 없다. "이 책이 완결판이라고 생각하고 썼습니다!"라고 출판사에 책을 넘기는 순간까지도 생각한다. 이 책이 수많은 부모의 머릿속에 각인되었다가 잊힐 때쯤, 더 업그레이드된 완결판을 내게 될 것이라고 말이다.

제목을 지으면서 혹여 '혼자 공부하지 못하는 아이들'이라는 이름의 책을 집어드는 부모들의 마음이 무너지면 어떡하나 걱정을 했다.

이 책의 PART 1에는 최근 부모들이 자녀의 공부와 관련해 가장 많이 하는 10가지 고민을 Q&A로 풀어 담았는데, 같은 고민을 가지고 있는 부모라면 이 제목이 반드시 아픔이자 자극이 될 것임을 알았기 때문이다.

그러나 이러한 자극은 반드시 필요하다. 결국 혼자서 공부하지 못한다면 그 공부는 오롯이 아이들의 몫이 될 수 없다. 공부를 하는 척 흉내를 내고 있거나, 점수에 목을 매는 아이로 길들여질 뿐이다. 초등학교 때는 공부를 잘하다가 학년이 올라갈수록 성적이 떨어지는 아이들의 공통점은 바로 '혼자 공부할 줄 모른다'는 것이었다. 그들은 학원에서는 선생님이 가이드해주는 대로 따라 하면 되었지만, 막상 집에 왔을 때는 무슨 과목을 어디서부터 얼마만큼 해야 할지 계획표조차 스스로 세우지 못한다.

지금 당신의 아이가 그런 상태에 놓여 있다면, 지금이라도 당장 바로잡아줘야 하지 않겠는가.

'혹시 너무 늦은 것 아닐까요?'

나는 지금도 자기계발서를 읽으며 나 자신의 부족한 부분을 채우려 애쓴다. 공부는 어차피 평생 해야 하는 것이며, 자신에게 가장 잘 맞는 공부 방법 또한 평생을 통해 터득해나가야 한다. 당신도 아이도 지금 겪는 모든 과정에 익숙할 리 없다. 부족한 건 당연하지만 그럼에도 지금껏 이렇게 열정적으로 해온 것에 박수를 보내고 싶다. 그러나 방법을 조금만 바꾼다면 훨씬 더 나은 방향으로, 쉽고 즐겁게, 궁극적으로 모두가 행복하게 해나갈 수 있다. 달라진 부모의 모습에 아이들은 공부 시너지가 나고 달라진 자녀의 모습에 부모는 더욱 안정적으로 자신의 역할을 감당해낼지 모른다.

결코 늦지 않았다. 나는 종종 '아이가 공부를 포기한 것 같다'고 토로를 하는 부모들에게조차도 '결코 늦지 않았다'고 조언한다. 포기를 할 수밖에 없는 이유를 찾아내어 잡아주면 전과 확연히 달라지는 아이들을 수없이 보았기 때문이다. 아이들과 직접 상담을 하면서 가장 놀라운 점은 공부를 포기하거나 성적이 낮은 아이들이 공부에 대한 스트레스 지수가 더 높고, '공부를 해야 한다'는 강박증에 더 시달리고 있다는 사실이었다. 결코 공부를 '포기한' 아이들은 없다. 어떻게 해야 할지 몰라서 잘 못하거나, 잘 못하니까 재미가 떨어졌거나 혹은 좀 더 잘하고 싶은데 한계를 느껴 괴로워하는 아이들만 있을 뿐이다.

공부는 세상을 살아가는 힘이다. 공부를 통해 아이들에게 좀 더 열정적으로 세상을 사는 법을 알려주기 위함이므로 지금 하는 당신의 노력은 언젠가 반드시 빛이 날 것이다. 변화하지 않는 사람에게 주어지는 결실은 없다. 변화하려는 노력은 무지함에게조차 면죄부를 줄 수 있을 만큼 값지다. 따라서 변화하기 위해 노력하라. 지금도 잘하고 있지만 조금 더 가능성이 높은 방향으로 접근하고 다가가라. 내 아이 가까이에 다가가 그들의 이야기에 귀를 기울이고, 공부해야 하는 이유를 함께 공유하고, 지지자가 되어주어라. 그리고 그런 당신에게 주어질 귀한 선물을 기대해도 좋다.

바로 '혼자 공부하는 아이들'이다.

우리가 힘든 것은
산꼭대기에 오르는 법을 몰라서가 아니라
자신이 지금 서 있는 곳이 어딘지 모르기 때문이다.

– 《고물상 아들 전중훤입니다》 중에서

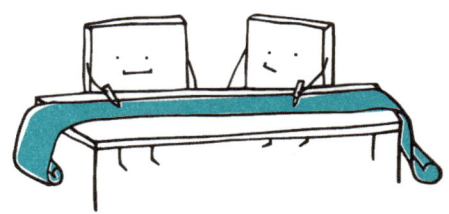

혼자 공부하지 못하는 아이들

펴낸날	초판 1쇄	2019년 4월 3일
	초판 5쇄	2020년 8월 24일

지은이 박인연
펴낸이 정현미
펴낸곳 제8요일
출판등록 2015년 10월 6일 제406-251002015000190호
일원화공급처 (주) 북새통
(03955) 서울시 마포구 방울내로7길 45 2층
전화 02)338-0117   팩스 02)338-7160
https://post.naver.com/8_day
8_day@naver.com

ISBN 979-11-87509-42-4 (03370)

이 도서의 국립중앙도서관 출판시도서목록(CIP)은 서지정보유통지원시스템 홈페이지(http://seoji.nl.go.kr)와 국가자료공동목록시스템(http://www.nl.go.kr/kolisnet)에서 이용하실 수 있습니다. (CIP제어번호 : CIP2019008879)

- 책값은 뒤표지에 표시되어 있습니다.
- 잘못된 책은 구입하신 서점에서 교환해 드립니다.

책임편집 서지영

* 제8요일은 일주일에 하루, 당신만의 책읽기 날을 응원합니다!

> 독자 여러분의 책에 관한 아이디어와 원고 투고를 설레는 마음으로 기다리고 있습니다. 책으로 엮기를 원하는 아이디어가 있으신 분은 이메일 8_day@naver.com로 간단한 개요와 취지, 연락처 등을 보내주세요. 머뭇거리지 말고 문을 두드리세요. 길이 열립니다.